Laos

a Lonely Planet travel atlas

Laos – travel atlas

1st edition

Published by
    Lonely Planet Publications
    Head Office: PO Box 617, Hawthorn, Vic 3122, Australia
    Branches: 155 Filbert St, Suite 251, Oakland, CA 94607, USA
                   10 Barley Mow Passage, Chiswick, London W4 4PH, UK
                   71 bis rue du Cardinal Lemoine, 75005 Paris, France

Cartography
    Steinhart Katzir Publishers Ltd
    Fax: 972-3-699-7562
    email: 100264.721@compuserve.com

Printed by
    Colorcraft Ltd, Hong Kong

Photographs
    Glenn Beanland, Joe Cummings

    Front Cover: Wat Si Saket, Vientiane (Joe Cummings)
    Back Cover: Some of the many shades of a Mekong sunset, Luang Prabang (Joe Cummings)
    Title page: Pha That Luang, Vientiane (Joe Cummings)
    Contents page: Ruins at Muang Khun (old Xieng Khuang), northern Laos (Joe Cummings)

First Published
    January 1997

Although the authors and publisher have tried to make the information as accurate as possible, they accept no responsibility for any loss, injury or inconvenience sustained by any person using this book.

National Library of Australia Cataloguing in Publication Data

Cummings, Joe.
    Laos travel atlas.

    1st ed.
    Includes index.
    ISBN 0 86442 375 6.

    1. Laos - Maps, Tourist.
    2. Laos - Road maps.
    I. Cummings, Joe. (Series : Lonely Planet travel atlas).

912.594

text & maps © Lonely Planet & Steinhart Katzir Publishers 1997
photos © photographers as indicated 1997

All rights reserved. No part of this publication may be reproduced, stored in a retrieval system or transmitted in any form by any means, electronic, mechanical, photocopying, recording or otherwise, except brief extracts for the purpose of review, without the written permission of the publisher and copyright owner.

Contents

Acknowledgements..4

Locator Maps..5-7
Map Legend..8-9
Maps..10-23

Getting Around Laos..25
Comment Circuler au Laos..26
Reisen in Laos..28
Cómo Movilizarse dentro de Laos..30
ラオスの旅..32

Index...34-45

Joe Cummings

Joe Cummings first became involved in South-East Asian Studies while a political science student at Guilford College, a Quaker school in North Carolina (BA 1974), and then later as a Peace Corps volunteer in Thailand during the late 1970s. Since then he has worked as a translator/interpreter of Thai in San Francisco, completed a master's degree in Thai language and Asian art history at the University of California, Berkeley, written columns for *The Asia Record*, been an East-West Center Scholar in Hawaii, taught university English in Malaysia, served as a Lao bilingual studies consultant in Oakland, California, and led one of the first American group tours to Laos.

Fluent in Thai and Lao, Joe is the author of Lonely Planet's popular travel survival kits to *Thailand* and *Laos*. He has also written LP's *Thai* and *Lao* phrasebooks, and researched the *Thailand travel atlas*.

About this Atlas

This book is another addition to the Lonely Planet travel atlas series. Designed to tie in with the equivalent Lonely Planet guidebook, we hope the *Laos travel atlas* helps travellers enjoy their trip even more. As well as detailed, accurate maps, this atlas also contains a multilingual map legend, useful travel information in five languages and a comprehensive index to ensure easy location-finding.

The maps were checked on the road by Joe Cummings as part of his preparation for a new edition of Lonely Planet's *Laos – travel survival kit*.

From the Publishers

Thanks to Danny Schapiro, chief cartographer at Steinhart Katzir Publishers, who supervised production of this atlas. Liora Aharoni and Michal Pait-Benny were responsible for the cartography. Michal also prepared the index. At Lonely Planet, editorial checking of the maps and index was completed by Lou Byrnes. Sally Jacka was responsible for the cartographic checking, design and layout of the atlas. David Kemp designed the cover. Louise Keppie-Klep finalised design, layout and cover design. Paul Smitz edited the getting around text.

Lou Byrnes coordinated the translations. Thanks to translators Yoshi Abe, Christa Bouga-Hochstöger, Ade Costanzo, Pedro Diaz, Isabelle Muller, Sergio Mariscal, Penelope Richardson & Karin Riederer.

Request

This atlas is designed to be clear, comprehensive and reliable. We hope you'll find it a worthy addition to your Lonely Planet travel library. Even if you don't, please let us know! We'd appreciate any suggestions you may have to make this product even better. Please complete and send us the feedback page at the back of this atlas to let us know exactly what you think.

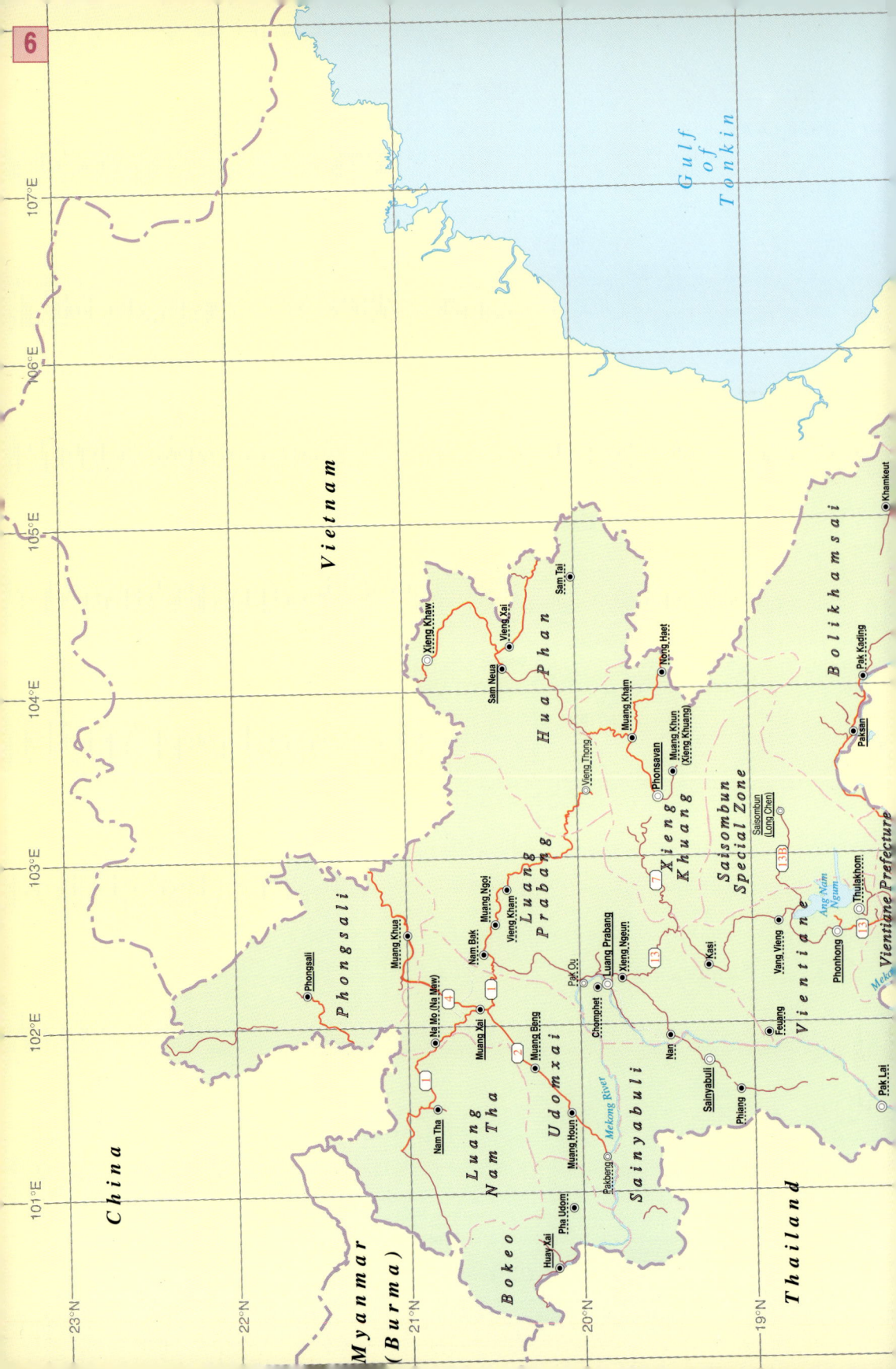

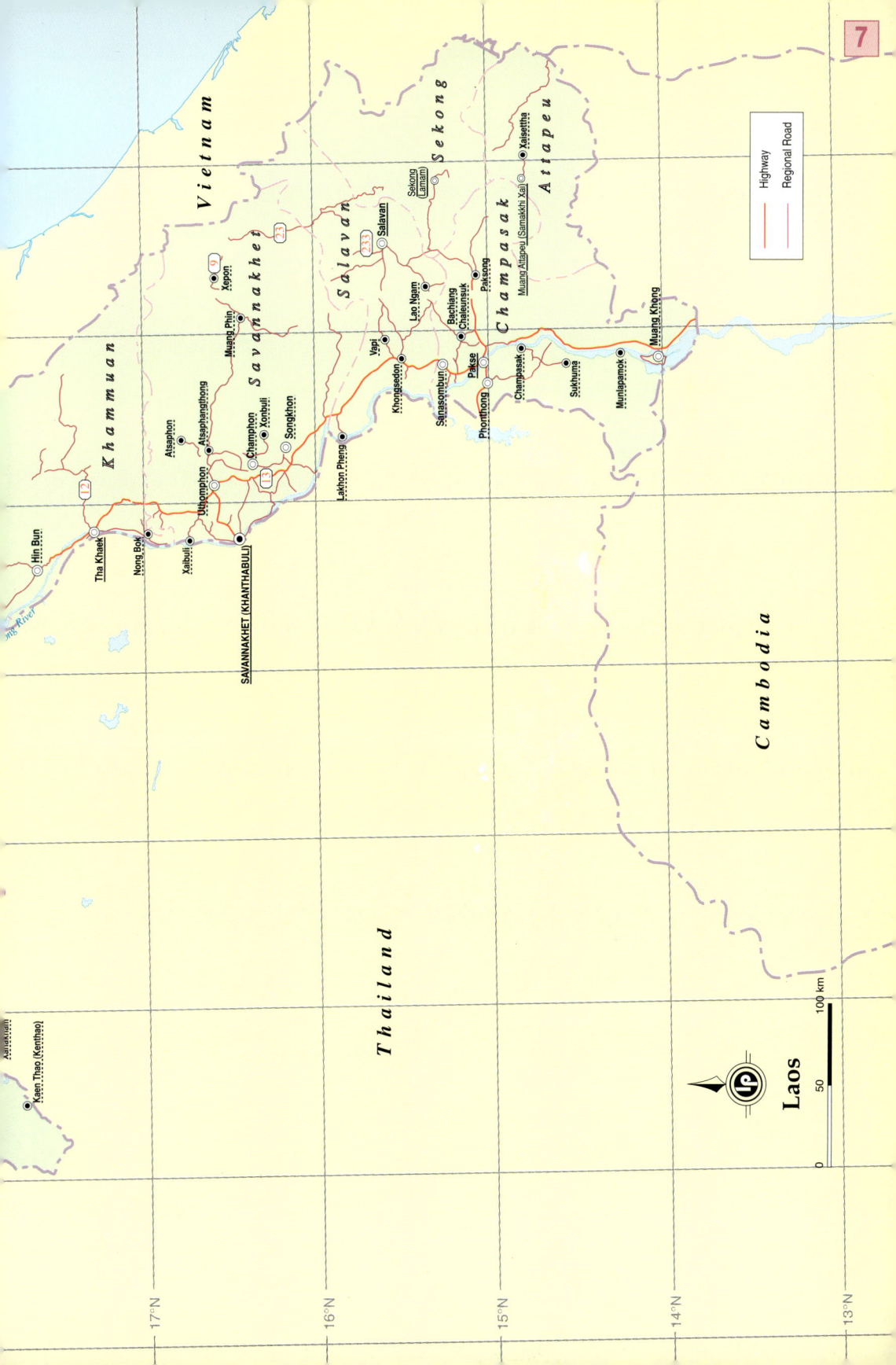

MAP LEGEND

Number of Inhabitants:

VIENTIANE	⦿	>100,000
Luang Prabang	◎	50,000 - 100,000
Xieng Ngeun	⦿	25,000 - 50,000
Pak Ou	◎	10,000 -25,000
Muang Thadeua	○	<10000
Muang Sui	○	Village

VIENTIANE — Capital City / Capitale / Hauptstadt / Capital / 首都

★ — Capital City (Locator map) / Capitale (Carte de situation) / Hauptstadt (Orientierungskarte) / Capital (Mapa Localizador) / 首都（地図上の位置）

Paksan — Provincial Capital / Capitale de Province / Landeshauptstadt / Capital de Provincia / 地方の中心地

Xonbuli — District Headquarters / Quartier Général du District / Bezirkshauptquartier / Sede Central de Distrito / 地区の本部

━ ━ ━ International Boundary / Limites Internationales / Staatsgrenze / Frontera Internacional / 国境

━ ━ ━ Provincial Boundary / Limites de la Province / Landesgrenze / Frontera de Provincia / 地方の境界

━━━ Highway / Autoroute / Landstraße / Carretera / 国道

━━━ Main Road / Route Principale / Hauptstraße / Carretera Principal / 主要道路

━━━ Unsealed Road / Route non bitumée/piste / Unbefestigte Straße / Carretera sin Asfaltar / 未舗装の道

- - - - Track / Sentier / Weg / Senda / 小道

▦▦▦ Railway / Voie de chemin de fer / Eisenbahn / Ferrocarril / 鉄道

(4) Route Number / Numérotation Routière / Routenummer / Ruta Número / 道路の番号

⊢40⊣ Distance in Kilometres / Distance en Kilomètres / Entfernung in Kilometern / Distancia en Kilómetros / 距離（km）

✈ International Airport / Aéroport International / Internationaler Flughafen / Aeropuerto Internacional / 国際空港

✈ Domestic Airport / Aéroport National / Inlandflughafen / Aeropuerto Interior / 国内線空港

⊥ Temple / Temple / Tempel / Templo / 仏教寺院

†	Cathedral / Cathédrale / Kathedrale / Catedral / 大聖堂
✕	Battle Site / Champ de Bataille / Schlachtstelle / Campo de Batalla / 戦場
⛉	Fort/Citadel / Château Fort/Citadelle / Festung/Zitadelle / Fuerte/Ciudadela / 城・砦
⏛	Palace / Palais / Palast / Palacio / 宮殿
∴	Ruins / Ruines / Ruinen / Ruinas / 遺跡
⚓	Seaport / Port de Mer / Seehafen / Puerto Marítimo / 港
Phu Viatyo 2058	Mountain / Montagne / Berg / Montaña / 山
⌒	Cave / Grotte / Höhle / Cueva / 洞窟
∥	Pass / Col / Paß / Desfiladero / 峠
🌳	Conservation Area / Zone Protégée / Landschaftsschutzgebiet / Zona de Conservación / 自然保護区域
～	River / Fleuve/Rivière / Fluß / Río / 川
⬬	Lake / Lac / See / Lago / 湖
⟳	Spring / Source / Quelle / Manantial / 泉
≣	Waterfall / Cascades / Wasserfall / Cascada / 滝
▭	Swamp / Marais / Sumpf / Pantano / 沼地

0 10 20 30 40 50 km

1 : 1 000 000

Lambert Conformal Conic projection

3500 m
3000 m
2500 m
2100 m
1800 m
1500 m
1200 m
900 m
600 m
450 m
300 m
150 m
0

Reclining Buddha in Wat Xieng Khuan, south of Vientiane

JOE CUMMINGS

Getting Around Laos

Bus & Truck

Despite several ongoing highway projects, the road network in Laos remains very much undeveloped. The roads around the periphery of Vientiane Prefecture and Vientiane Province, along with Route 13 between Vang Vieng and Pakse, are mostly surfaced and adequate for just about any type of vehicle. Elsewhere in the country, unsurfaced roads are the rule. Since Laos is 70% mountains, even relatively short trips involve incredibly long intervals.

Buses ply Route 13 between Vientiane and Pakse an average of two or three times daily. Other routes in the south, eg Pakse to Sekong, are typically serviced by large flat-bed trucks with heavy wooden carriages containing seats in bus-like rows. In the north, Russian, Chinese, Vietnamese or Japanese trucks are often converted into passenger carriers by adding two long benches in the back. The passenger trucks are called *thaek-sii* (taxi) or in some areas *sǎwng-thǎew*, which means 'two rows' in reference to the two facing benches on the back. On roads where there is no regular public transport, cargo trucks will sometimes carry passengers.

Small Japanese pick-up trucks can be chartered between towns and provinces. Because the condition of most Lao roadways generates a high degree of wear and tear on these vehicles, hire charges run as high as US$80 to US$100 a day.

Bicycle

Bicycles are a popular form of transport throughout urban Laos and can be hired in Vientiane, Luang Prabang, Savannakhet and Don Khong for around US$1 to US$2 per day – some hotels and guesthouses even loan them out for free.

Lao customs doesn't object to visitors bringing their own bicycles into the country for personal transport. If you plan to do any extensive interprovincial cycling, bring along a good repair kit as parts and supplies are scarce in Laos. Ideal areas for country touring include river basins formed by the Mekong, Nam Ou and other major rivers, as well as the Bolaven Plateau. The mountainous north can be quite challenging for the novice cyclist, but even here most grades are reasonable.

Boat

Rivers are traditionally the true highways and byways of Laos. The Mekong, the country's longest and most important water route, is navigable year round between Huay Xai and Vientiane. For longer distances, large diesel river ferries designed for cargo transport are used. Some of these boats have two decks, one over the other, with sleeping areas and onboard foodstalls. Facilities are quite basic; passengers sit, eat and sleep on wooden decks. The toilet – where one exists – is an enclosed hole in the deck. For overnight trips, it really is a good idea to ascertain whether food will be available on board; if not, be sure to bring food along.

For shorter trips, eg from Luang Prabang to the Pak Ou caves, it's usually best to hire a river taxi since the large ferries only ply their routes once a day at the most, sometimes only a couple of times a week. The *héua hǎng nyáo* (long-tail boats) with engines gimbal-mounted on the stern are the most typical; larger boats carry up to 20 passengers.

Along the upper Mekong River between Huay Xai and Vientiane, and between Luang Prabang and Hat Sa (Phongsali), Thai-built *héua wái* (speedboats) – shallow, five-metre-skiffs with 40-hp Toyota outboard engines – are common. These are able to cover a distance in six hours that might take a river ferry two days or more.

Drink stalls on the banks of the Mekong in Vientiane

GLENN BEANLAND

Comment Circuler au Laos

Bus et Camions

En dépit des projets de construction d'autoroute, le réseau routier laotien est encore très restreint. Les routes à la périphérie de la Préfecture de Vientiane et de la Province de Vientiane, ainsi que la route 13 entre Vang Vieng et Pakse sont goudronnées et accessibles à n'importe quel véhicule. Les voies ne sont pas carrossables dans le reste du pays. La géographie du Laos étant composée à 70% de montagnes, même les plus petites distances de-mandent un temps incroyable-ment long.

Les bus empruntant la route 13 entre Vientiane et Pakse circulent en moyenne deux à trois fois par jour. Sur les autres voies du Sud, comme par exemple entre Pakse et Sekong, roulent de gros camions à essieu en bois où l'on assied sur des bancs. Dans le Nord, les camions russes, chinois, vietnamiens ou japonais sont souvent transformés en moyen de transport collectif en ajoutant deux longs bancs au fond. Ce type de camions avec passagers est appelé *thaek-sii* (taxi) ou *sawng-thaew*, qui signifie "deux rangs" car les deux bancs sont installés l'un en face de l'autre. Sur les routes peu fréquentées, les camions de marchandises transportent quelquefois des passagers.

De petits pick-up japonais peuvent être également loués. A cause du mauvais état des routes qui détériore rapidement les véhicules, les frais de location peuvent se monter jusqu'à 80 $US, voire 100 $US.

Bicyclette

Populaires au Laos, les vélos se louent environ 1 ou 2 $US à Vientiane, Luang Prabang, Savannakhet et Don Khong. Certains hôtels ou pensions en prêtent même gratuitement à leurs clients.

Il est permis d'apporter sa propre bicyclette pour se déplacer dans le pays. Si vous avez l'intention d'effectuer de longs trajets entre les provinces, prévoyez de quoi réparer votre vélo, car les pièces détachées sont rares. Les meilleures zones de balades sont notamment autour des bassins formés par les affluents du Mékong (comme le Nam Ou) ou encore sur le plateau des Bolovens. Le Nord, montagneux, est une expérience difficile pour le cycliste amateur, mais même là, les dénivelés sont négociables.

Bateau

Au Laos, les fleuves sont traditionnellement les véritables voies de communication. Le Mékong, la voie fluviale la plus longue et la plus importante du pays, est navigable toute l'année entre Huay Xai et Vientiane. De grands ferries diesel sont utilisés pour couvrir de longues distances. Certains de ces bateaux possèdent deux ponts, l'un au-dessus de l'autre, équipés d'aires de repos et de stands vendant boissons et nourriture. Les équipements sont rudimentaires : les passagers s'assoient, mangent et dorment sur des ponts en bois. Les toilettes – lorsqu'elles existent – se limitent à un unique trou aménagé sur le pont. Si vous voyagez de nuit, renseignez-vous à l'avance pour savoir si de la nourriture est vendue à bord. Dans le cas contraire, munissez-vous de provisions en quantité suffisante.

S'agissant des trajets plus courts, de Luang Prabang aux grottes de Pak Ou, par exemple, mieux vaut prendre un taxi fluvial car les grands ferries fonctionnent au mieux une fois par jour, et parfois seulement deux fois par semaine. Les *heua hang nyao* (bateau à longue queue) avec leur moteur à balancier sont les plus courants. Les plus grosses embarcations peuvent contenir jusqu'à 20 passagers.

Le long du Mékong entre Huay Xai et Vientiane, et entre Luang Prabang et Hat Sa (Phongsali), les *heua wai* de fabrication thaïlandaise (bateaux rapides) sont fréquents. Ces embarcations peu profondes, de cinq mètres de long, sont équipés de moteurs Toyota de 40 chevaux. Ils peuvent en six heures couvrir une distance qu'un ferry fluvial mettrait deux jours, voire plus, à parcourir.

JOE CUMMINGS

Buddhist monks receiving alms at the That Luang Festival, Vientiane

JOE CUMMINGS

JOE CUMMINGS

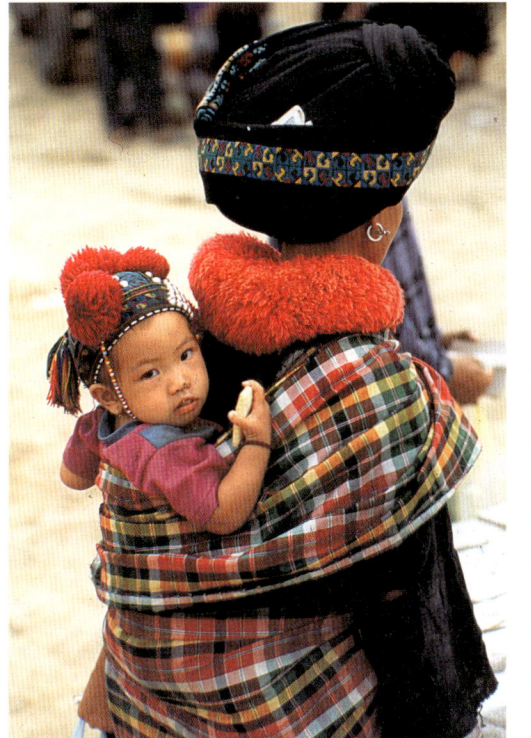

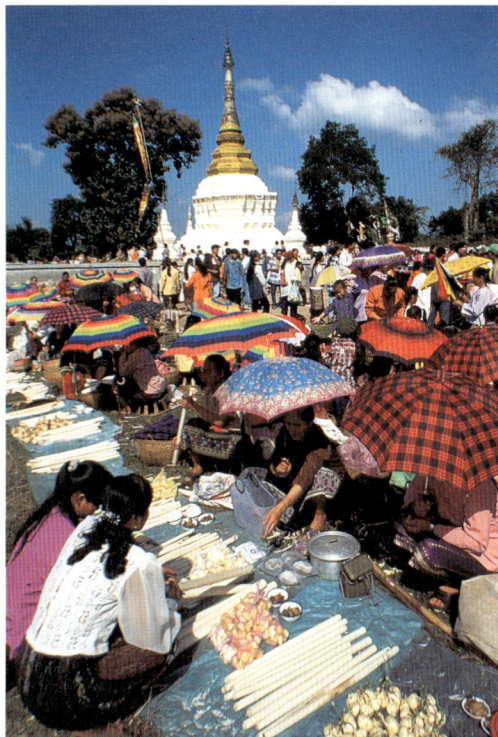

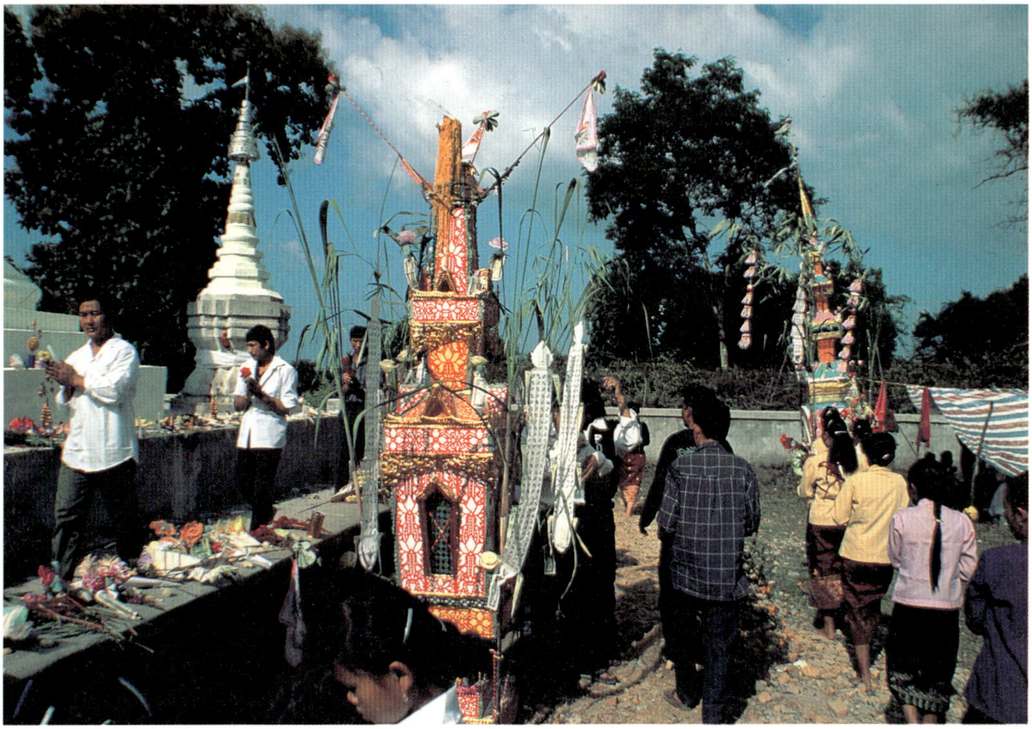

JOE CUMMINGS

Top Left: Mien woman and child, Luang Nam Tha
Top Right & Bottom: Scenes from the That Muang Sing Festival, one of the many celebrations on the Buddhist calendar

Reisen in Laos

Bus & Lastwagen

Das Straßennetz in Laos ist trotz einiger aktueller Fernstraßenprojekte immer noch ziemlich schlecht ausgebaut. Die Straßen um die Peripherie des Vientianischen Verwaltungsbezirks und der Vientianischen Provinz, zusammen mit der Route 13 zwischen Vangviang und Pakse sind meist befestigt und für jeden Fahrzeugtyp geeignet. Im restlichen Lande sind unbefestigte Straßen die Regel. Da Laos zu 70% aus Bergen besteht, werden selbst relativ kurze Strecken zu unglaublich langen Fahrten.

Busse befahren die Route 13 zwischen Vientiane und Pakse durchschnittlich zwei- bis dreimal am Tag. Andere Strecken im Süden, wie z.B. von Pakse nach Sekong, werden typischerweise durch grosse LKWs mit schweren hölzernen Wagenkästen, ausgestattet mit busartigen Sitzreihen, bedient. Im Norden baut man häufig russische, chinesische, vietnamesische oder japanische Lastwagen in Passagiertransporter um, indem zwei lange Bänke auf die Ladefläche hinzugefügt werden. Diese Passagierlastwagen heißen *thăk-sii* (Taxi) oder in manchen Gegenden *sâwng-thâew*, was "zwei Reihen" bedeutet, bezogen auf die zwei gegenüberliegenden Bänke im hinteren Teil. Auf Straßen, wo es keine regelmässigen öffentlichen Verkehrsmittel gibt, befördern manchmal Gütertransporter Passagiere.

Japanische "Pick-up Trucks" (Kleinlastwagen) kann man zwischen Städten oder Provinzen chartern. Da der Zustand der meisten Straßen in Laos bei diesen Fahrzeugen einen starken Verschleiss verursacht, können die Mietpreise 80 US$ bis 100 US$ pro Tag betragen.

Fahrrad

Fahrräder sind ein beliebtes Fortbewegungsmittel im städtischen Laos. Man kann sie in Vientiane, Luang Prabang, Savannakhet und Don Khong für ca. 1 US$ bis 2 US$ am Tag mieten, manche Hotels und Gästehäuser verleihen sie sogar kostenlos. Der laotische Zoll hat nichts dagegen, wenn Besucher eigene Fahrräder zum persönlichen Gebrauch in das Land mitbringen. Wenn Sie vorhaben, größere Überland-Fahrradtouren zu machen, sollten Sie ein gutes Pannenset mitführen, da Ersatzteile und Zubehör in Laos rar sind. Zu den idealen Gegenden für Fahrradtouren gehören die Flußtäler des Mekong, Narn Ou und der anderen großen Flüsse sowie das Boloven Hochland. Der bergige Norden kann für Ungeübte schwierig sein, doch selbst hier sind die meisten Steigungen noch zumutbar.

Boot

Traditionell sind die Flüße die wahren Haupt- und Nebenstraßen in Laos. Der Mekong, längste und wichtigste Wasserstraße des Landes, ist das ganze Jahr über zwischen Houei Sai und Vientiane schiffbar. Für weite Entfernungen werden große Diesel Flußfähren benutzt, die speziell für den Lastentransport gebaut sind. Manche von diesen Booten haben zwei Decks übereinander, mit Schlaftrakten und Verpflegungsständen an Bord. Die Ausstattung ist ziemlich einfach - die Passagiere sitzen, essen und schlafen auf den Holzdecks. Die Toilette - wenn es überhaupt eine gibt, besteht aus einem eingelassenen Loch im Deck. Bei Übernachtfahrten ist es ratsam, sich vorher zu versichern, daß man an Bord etwas zu essen bekommt. Wenn dem nicht so ist, vergessen Sie nicht, Ihr Essen mitzubringen.

Für kürzere Flußfahrten, z.B. von Luang Prabang zu den Pak Ou Höhlen, ist es in der Regel das Beste, sich ein Flußtaxi zu mieten, da die großen Fähren höchstens einmal am Tag ihre Route befahren. Manchmal nur ein paarmal die Woche. Am typischsten sind die *héua hâng nyâo* (Langheck Boote) mit Motoren, die an einer kardanischen Aufhängung am Heck befestigt sind. Größere Boote befördern bis zu 20 Passagieren.

Am oberen Lauf des Mekong zwischen Houei Sai und Vientiane und zwischen Luang Prabang und Hat Sà (Phông Saly) sind die in Thailand gebauten *héua wai* (Schnellboote) üblich: flache, 5 Meter lange Skiffs (leichte Ruderboote) mit 40 PS starken Toyota Außenbordmotoren. Diese Boote können die gleiche Strecke, für die eine Flußfähre zwei Tage oder länger benötigt, in sechs Stunden zurücklegen.

JOE CUMMINGS
The enigmatic Plain of Jars

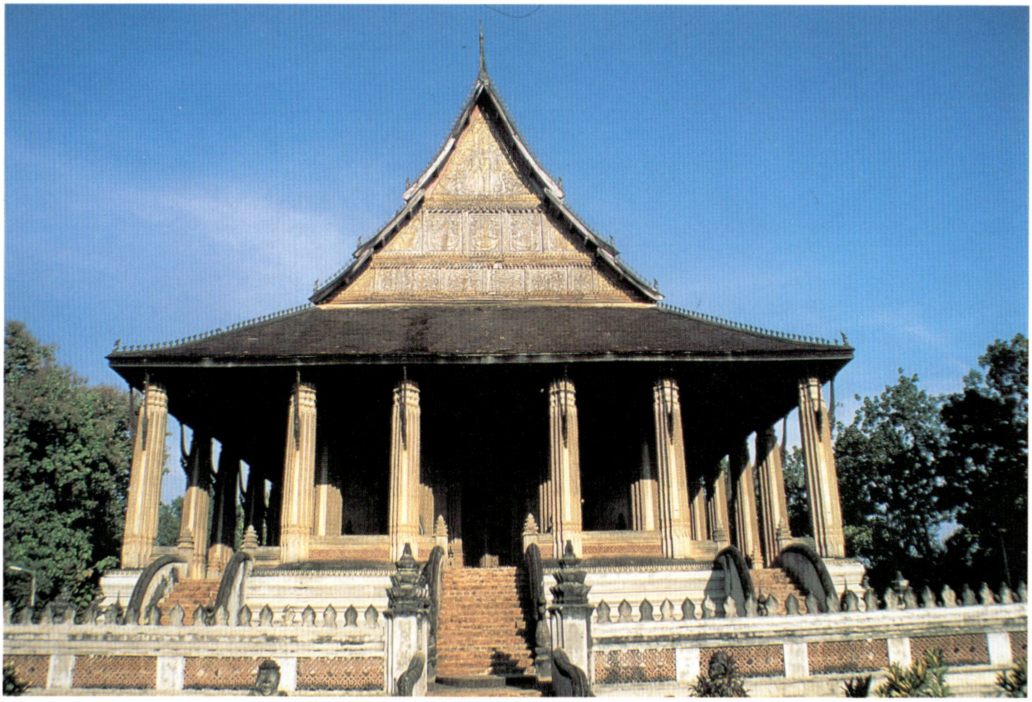

JOE CUMMINGS

JOE CUMMINGS

JOE CUMMINGS

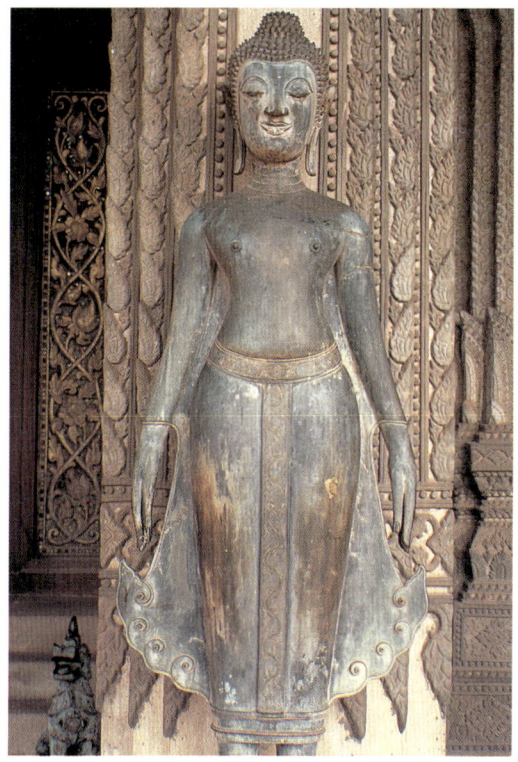

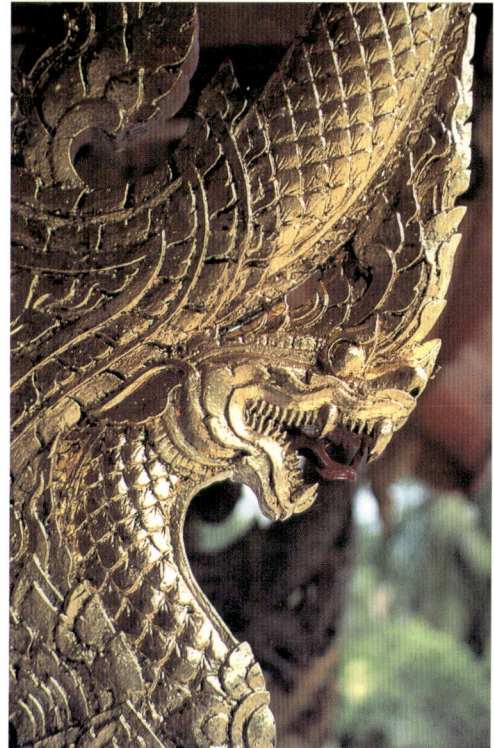

Top: Former royal temple of the Lao monarchy, Haw Pha Kaew, Vientiane
Bottom Left: Buddha 'calling for rain', Wat Pha Keo, Vientiane
Bottom Right: Gilt naga figure at Wat Mai, Luang Prabang

Cómo Movilizarse dentro de Laos

An Autobús y en Camión

A pesar de que se están relaizando varios proyectos de construcción de carreteras, la red de carreteras de Laos continúa muy subdesarrollada. Las carreteras alrededor de la periferia de la Prefectura de Vientiane y de la Provincia de Vientiane, así como la Ruta 13 entre Vang Vieng y Pakse, están en su mayoría pavimentadas y son adecuadas para casi todo tipo de vehículo. En el resto del país, en general, las carreteras están sin pavimentar. Puesto que Laos es montañoso en un 70%, incluso los viajes por carretera relativamente cortos significan intervalos increiblemente largos.

Los autobuses sirven la Ruta 13 entre Vientiane y Pakse a un promedio de dos o tres veces diarias. El servicio de las otras rutas del sur, por ejemplo entre Pakse y Sekong, es prestado típicamente por grandes camiones de base plana con carrocerías pesadas de madera y con asientos dispuestos en hileras en forma similar a las de los autobuses. En el norte, camiones rusos, chinos, vietnamitas y japoneses son generalmente convertidos en vehículos de pasajeros instalándoles dos grandes bancas en la parte de atrás. Estos camiones de pasajeros son llamados *thaek-sìi* (taxi) y en algunas zonas *sǎwng-thâew*, lo que quiere decir 'de dos hileras' refiriéndose a las dos bancas de atrás. En las carreteras donde no existe el transporte público, los camiones algunas veces llevan pasajeros.

Se pueden contratar pequeños camiones japoneses para viajar entre las ciudades y provincias. Debido a que las condiciones de la mayoría de las carreteras de Laos causan un alto grado de desgaste en estos vehículos, los precios pueden ser altos, de $US80 a $US100 diarios.

En Bicicleta

Las bicicletas son una forma popular de transporte a través de los sectores urbanos de Laos y pueden obtenerse en alquiler en Vientiane, Luang Prabang, Savannakhet y Don Khong, a un costo aproximado de $US1 a $US2 diarios. Algunos hoteles y hospedajes las prestan en forma gratuita.

La aduana de Laos no se opone a que los visitantes traigan sus propias bicicletas al país para el transporte personal. Si se planea hacer largos recorridos en bicicleta entre las provincias se debe traer un buen equipo de reparación ya que los repuestos y el equipo son escasos en Laos. Las zonas ideales para recorrer en el campo incluyen las cuencas de los ríos formadas por el Mekong, el Nam Ou y otros ríos principales, así como también la Meseta de Bolaven. La parte montañosa del norte puede constituir un desafío para el ciclista novato pero, aún en esta parte, la mayoría de las pendientes son razonables.

En Bote

Los ríos son las verdaderas autopistas y caminos aledaños de Laos. El Mekong, que es la ruta acuática más larga y de mayor importancia, es navegable durante todo el año entre Huay Xai y Vientiane. Para las largas distancias, se utilizan grandes barcos transbordadores diesel diseñados para el transporte de carga. Algunos de estos barcos tienen dos cubiertas, una encima de la otra, con dormitorios y puestos de venta de comidas. Los servicios son muy básicos, los pasajeros se sientan, comen y duermen en las cubiertas de madera. El sanitario, cuando existe, es un agujero en un encerramiento sobre la cubierta. Para los viajes de noche, vale la pena enterarse de si se puede obtener comida a bordo; si no, cerciórese de traer algo.

Para viajes por río más cortos, por ejemplo entre Luang Prabang y las cuevas de Pak Ou, por lo general es mejor alquilar un taxi acuático, puesto que los barcos transbordadores grandes solamente programan sus rutas máximo una vez diaria y, algunas veces, solamente un par de veces a la semana. El *héua hǎng nyáo* (botes de cola larga) con motores de soporte cardánico sobre la popa son los más típicos; los botes más grandes transportan hasta 20 pasajeros.

A lo largo del alto Mekong, entre Huay Xai y Vientiane, y entre Luang Prabang y Hat Sa (Phongsali), son comunes las lanchas *héua wái* (lanchas veloces) construidas en Tailandia y los botecillos poco profundos de cinco metros de longitud con motores Toyota fuera de borda de 40 caballos. Estos están capacitados para cubrir en seis horas una distancia que puede tomar dos días o más en un barco transbordador.

JOE CUMMINGS

Walking to market in Hua Khon, Don Khon, Si Phan Don

JOE CUMMINGS

JOE CUMMINGS

JOE CUMMINGS

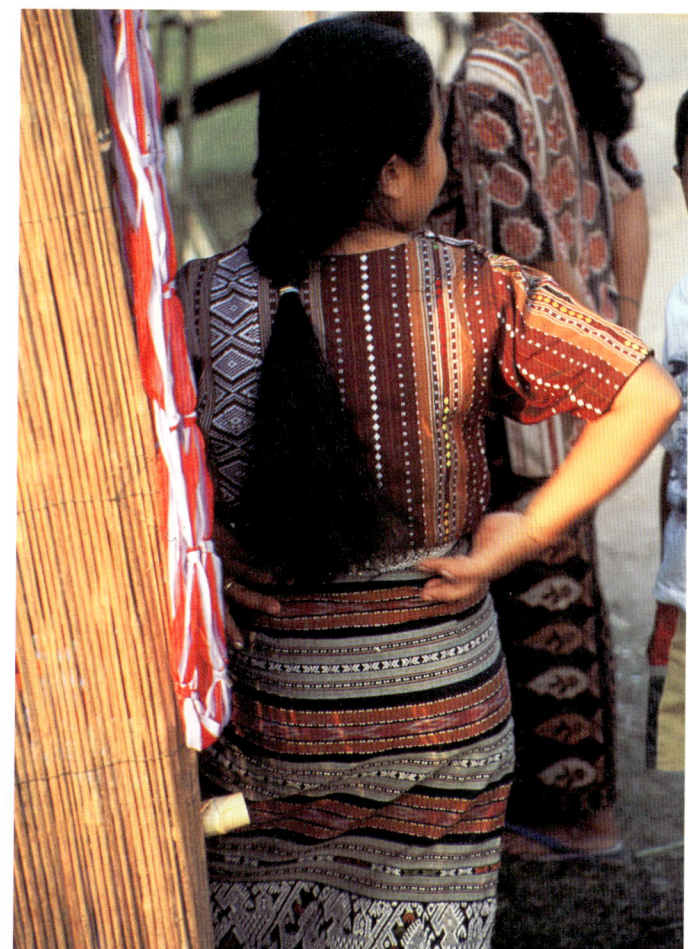

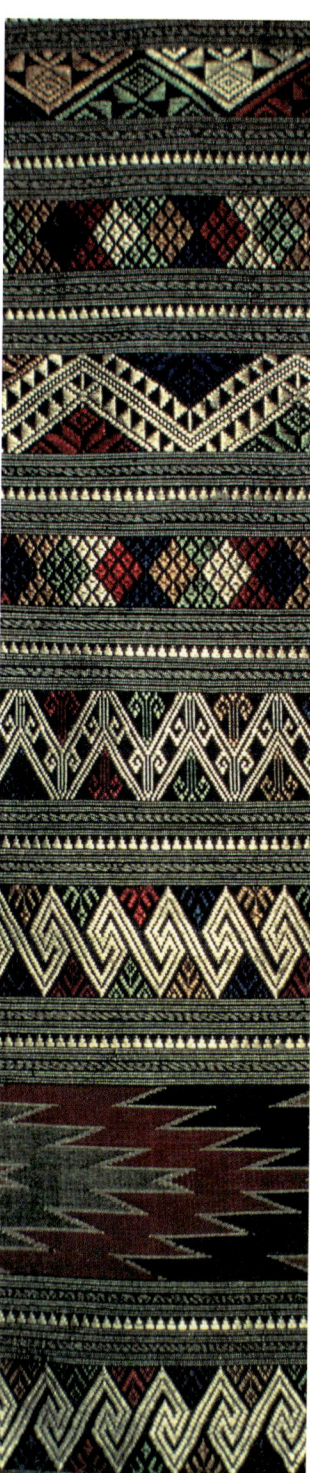

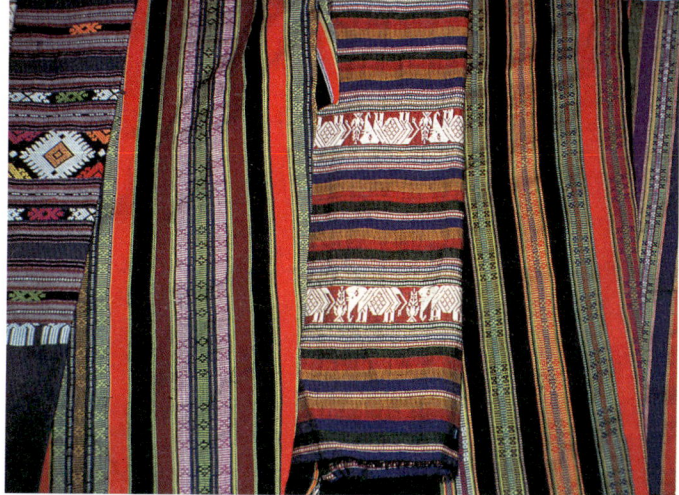

Silk and cotton fabrics are woven in many different styles according to the ethnicity of the weaver
Top Left: Woman wearing traditional *phaa nung* skirt
Bottom & Right: Examples of Lao textiles

ラオスの旅

バスとトラック

ハイウェイ計画はいくつか進行中だが、ラオスの道路交通網は現在でも未発達な状態だ。ビエンチャン県(Vientiane Prefecture)とビエンチャン省(Vientiane Province)周辺の道路、そしてバンビエン(Vang Vieng)とパクセ(Pakse)間の国道１３号線のほとんどは舗装されていて、どのような乗り物でも乗り入れが可能だ。そのほかの地域の道路はすべて未舗装だと考えたほうがいい。ラオスの国土の70%が山岳地帯なので、比較的短距離の旅行も、陸路を使うと大変時間がかかる。

バスはビエンチャンとパクセを結ぶ国道１３号線を１日２、３往復している。南部のそのほかの路線、たとえばパクセ、スコン(Sekong)間は、平台に重い木製の乗客室を装備し、バスのような座席を内装した大型トラックが走っている。北部では、後部の荷台に長いベンチを２脚装備し客室に改造した、ロシア、中国、ベトナム、または日本製のトラックが走っている。このような乗合トラックは *thaekshii*（タクシーの意）、または、後部にある向かい合った２列のベンチに座ることから、「２列」という意味の *sāwng-thâew* という言葉で呼ばれている。公共交通機関が定期的に運行していない路線では、貨物輸送用トラックが客を乗せることもある。

市や省の往来には日本製の小型トラックをチャーターすることができる。ラオスのほとんどの道路は車にとって消耗や損傷の激しい状況なので、チャーター料は一日 US$80 から US$100 になる。

自転車

ラオス市街では自転車がポピュラーな交通手段だ。ビエンチャン、ルアンプラバン(Luang Prabang)、サバナケット(Savannakhet)、ドンコーン(Don Khong)などでは１日 US$1 から US$2 で自転車を借りることができる。いくつかのホテルやゲストハウスでは無料で借りられることもある。

ラオスの税関では、旅行者が交通手段として自分の自転車を持ち込むことは禁止されてはいない。省内をサイクリングするなら、質のいい修理キットをあらかじめ用意することを勧める。ラオス国内ではしばしば部品の入手が困難だからだ。メコン川(Mekong)、ナムオー川(Nam Ou)、その他の主要河川によって形成された盆地、そしてボルベン高原(Bolaven Plateau)はサイクリングツアーに最適だ。初心者にとって北部の山地は少々難しいかもしれないが、それでも行程のほとんどは手頃な勾配の坂だ。

ボート

ラオスの伝統的な交通手段は川だ。最も長く重要な水路であるメコン川のフアイシャイ(Huay Xai)、ビエンチャン間は、年間をとおして航行可能だ。長距離移動には貨物運搬用にデザインされたディーゼルエンジンの河川用大型フェリーが使われる。このようなフェリーのいくつかは、デッキが上下に２層あり、就寝所と、食事のための売店がある。設備は必要最小限のものしかない。乗客は木製のデッキの上で寝起きし、食事をする。トイレ（もし、あればの話だが）は、デッキに穴をあけ囲いがしてあるだけ。泊りがけの航行の場合は船上で食事が買えるかどうか調べておくこと。買えない場合は食べ物をもって乗船すること。ルアンプラバンからパクウー洞窟(Pak Ou)までのような短期旅行には水上タクシーを使うといい。大型フェリーは、多くて１日に１往復、ときには週に２、３往復しかしないことがあるからだ。水上タクシーには、エンジン付きで船尾にジンパルが装備された *héua hāng nyáo*（長い尾の船）がもっとも普通に使われる。大型のボートは２０人まで乗船できる。

メコン川上流のフアイシャイ、ビエンチャン間、そして、ルアンプラバン、ハトサー(Hat Sa、別名フォンサリ：Phongsali)間には、トヨタ製５０馬力エンジンを搭載した *héua wái*（モーターボートの意）と呼ばれる長さ５メートルのタイ製の浅底小型ボートが通常運航している。これらはフェリーが２日かかる行程を６時間で航行することができる。

Wat Phu, a Khmer temple near Champasak

Index

Note: Geographical and cultural features are also listed separately at the end of the general index in their appropriate categories.

GENERAL INDEX
All places are in Laos except:

C - China
Ca - Cambodia
M - Myanmar (Burma)
T - Thailand
V - Vietnam

For duplicate names in Laos, the province abbreviations are:

Att - Attapeu
Bok - Bokeo
Bol - Bolikhamsai
Cha - Champasak
HP - Hua Phan
Kha - Khammuan
LNT - Luang Nam Tha
LP - Luang Prabang
Pho - Phongsali
Sai - Sainyabuli
Sal - Salavan
Sav - Savannakhet
Sek - Sekong
SSZ - Saisombun Special Zone
Udo - Udomxai
Vien - Vientiane
VP - Vientiane Prefecture
XK - Xieng Khuang

A Dong 21 G3
A Hi (T) 16 B5
A Hoi (Vien) 21 H5
Akat Amnuai (T) 18 A5
Aloui A Loui (V) 21 G3
Ang Nam Ngum 17 E2
Anh Son (V) 15 F6
An Le Thiem (V) 21 G3
Anlong Prey (Ca) 22 A6
An Pia (Ca) 23 H5
A Pa Chai (V) 11 E2
A Ro (V) 21 H5
A Shau (V) 21 H4
A Tep (V) 21 H4
Atsaphangthong 20 B2
Atsaphon 20 B1

Bachiang Chaleunsuk 20 D6
Ba Don (V) 19 H4
Baeng (T) 12 B6
Bai Den (V) 15 G5
Bai Duc Thon (V) 19 F3
Bai Thuong (V) 15 G4
Ba Kev (Ca) 23 G5
Ba Long (V) 21 G2
Ban Achang 11 E6
Ban Achingpelu 21 F2
Ban Acholaosa 11 E6
Ban Achung 21 F3
Ban Achungklung 21 F3
Ban Adeut 21 H4
Ban Ahong 20 B1
Ban Ai 11 E6
Ban Ak 18 C4
Ban Alang Noy 21 E2
Ban Alao 20 D3
Ban Aleo 21 G4
Ban Along Nam 21 E3

Ban Amoy Kang 21 G4
Ban Amoy Nua 21 G4
Ban Ang 13 H4
Ban Anglog 14 D3
Ban Ano Nyai 13 F1
Ban Antum 23 G1
Ban Ao Nua 19 E4
Ban Apia 20 D2
Ban Atiok 21 H4
Ban Axok 21 F2
Ban Aychai 12 B2
Ban Bak 20 B2
Ban Ban 20 D2
Ban Batut 23 F1
Ban Beng 21 E5
Ban Bin (V) 15 F3
Ban Bo (HP) 14 D2
Ban Bo (Kha) 19 E5
Ban Bo (Udo) 13 E4
Ban Bo (Vien) 17 E3
Ban Bok 20 D3
Ban Bokham 12 C4
Ban Bolonang 12 D4
Ban Bom 13 F2
Ban Bon 14 C2
Ban Boneng 18 C4
Ban Bong (Bol) 17 H2
Ban Bong (Kha) 18 C4
Ban Bosan 16 B4
Ban Bosao 10 D3
Ban Botay 10 D3
Ban Buaban 16 B3
Ban Buak 18 D4
Ban Buakkhu 10 B5
Ban Buakmeo 13 G5
Ban Buamban 13 G2
Ban Buamkhun 13 H4
Ban Buamlao 16 B3
Ban Buamluang 13 H1
Ban Buamphaxeng 13 G3
Ban Buampho 13 G5
Ban Buamthon 16 B3
Ban Buay 21 G3
Ban Bumtu 18 C4
Ban Bun 22 D2
Ban Bung (Cha) 22 D3
Ban Bung (Cha) 22 D4
Ban Bungkha 20 C6
Ban Bungkham 21 E5
Ban Bungkoang 18 B4
Ban Bungngam 22 D4
Ban Bungnyalao 19 G6
Ban Bungphao 17 E3
Ban Bungxai 21 E5
Ban Bun Neua 10 D5
Ban Bun Tai 10 D5
Ban Buttaphan 20 D4
Ban Cammun 13 G1
Ban Chabok 21 G5
Ban Chabok Nua 21 G5
Ban Chado 12 B2
Ban Chahe 12 A2
Ban Chaho 11 E5
Ban Chak 14 B2
Ban Chaka 12 A2
Ban Chakengn 21 E2
Ban Chakhamlu 10 B6
Ban Chakhamping 12 C1
Ban Chakhu 12 B2
Ban Chala 19 G6
Ban Chalo (Kha) 19 F6
Ban Chalo (LNT) 12 B2
Ban Changtuan 11 E4
Ban Chantai 12 D3

Ban Chaohosentham 11 E5
Ban Chaophu 11 E5
Ban Chaphiu 11 E6
Ban Chaphuk 12 B2
Ban Chaphuma 10 B6
Ban Chat 14 D3
Ban Cha Up 10 B5
Ban Chavik 21 F5
Ban Chek Nua 13 G3
Ban Cheng 17 E3
Ban Chephay 14 C1
Ban Choiaviang (1) 21 E3
Ban Chombang 13 G4
Ban Chomle Nyai 12 C4
Ban Chompho 10 D3
Ban Chong (V) 15 F6
Ban Chotxeuk 13 H2
Ban Chukha 12 B2
Ban Cong (V) 15 E6
Ban Dai 15 E3
Ban Dakbla Nai 21 H6
Ban Dakbla Tai 21 H6
Ban Dakbong 21 F5
Ban Dakdo 21 G6
Ban Dak Euy 21 G5
Ban Dakkaba 21 G6
Ban Dakkeubong 21 G6
Ban Dakmaluk Kang 21 G6
Ban Dak O 21 G6
Ban Dakpala 23 H1
Ban Dakpok 21 G6
Ban Daktalang Nyai 21 H6
Ban Daktiam 21 G6
Ban Dakyalang Noy 21 H6
Ban Dakyoy (Sek) 21 G6
Ban Dakyoy (Sek) 21 G6
Ban Dakyut Nyai 21 G6
Ban Dam (V) 15 F5
Ban Dan (V) 11 G5
Ban Dan 12 B3
Ban Dang 19 E5
Ban Danhorn 14 D1
Ban Dannalao 20 C4
Ban Dantete 20 C4
Ban Dendend Nua 17 G1
Ban Densavan 13 H4
Ban Deunbin 14 B3
Ban Dohmen 16 B4
Ban Dokket 12 C4
Ban Don (Cha) 22 C3
Ban Don (HP) 15 E4
Ban Don (Kha) 19 E5
Ban Don (Vien) 16 D2
Ban Donadokmai Tai 20 A3
Ban Donchai 12 C3
Ban Donchan 21 F6
Ban Donchat 12 B3
Ban Dondeng 22 D1
Ban Dondon 18 C5
Ban Don En 13 E3
Ban Dong (1) 21 E2
Ban Dong (2) 21 E2
Ban Dong (Cha) 22 D3
Ban Dong (HP) 14 C3
Ban Dong (Sai) 12 B4
Ban Dong (Sai) 12 C5
Ban Dong (Sai) 16 B4
Ban Dong (Sal) 21 E6
Ban Dong Bang 20 C2
Ban Dongbang 17 F3
Ban Dongkalum 17 F3
Ban Dongkhoang 20 B2
Ban Dongkum 20 B2
Ban Dongmakfai 20 B3

Ban Dongnyang 20 D1
Ban Dongsangphai 17 F3
Ban Dongtha 20 B1
Ban Donhi 17 F3
Ban Donhi 22 D2
Ban Don Kaew (T) 12 A6
Ban Donkha 17 E2
Ban Donkham (LP) 13 H4
Ban Donkham (Udo) 12 D3
Ban Donkhat 20 C3
Ban Donkho 20 C6
Ban Donkong 20 B1
Ban Donmakkua 20 B4
Ban Donme 18 B2
Ban Donmun 12 D1
Ban Don Nyai 21 E4
Ban Donphung 16 B3
Ban Donsaat 13 F1
Ban Dontalat 22 D2
Ban Donvay 20 B4
Ban Donxat 20 C6
Ban Donxay 10 D5
Ban Doy 18 C5
Ban Duan Tai 13 G1
Ban Dung (T) 17 G4
Ban Dup Nyai 21 F3
Ban Duxang 14 A4
Ban Ekxang 17 E3
Ban Finho 10 C6
Ban Ghapa 12 C2
Ban Hae (T) 12 B6
Ban Hai (Sai) 12 D3
Ban Hai (Udo) 13 G1
Ban Hai (V) 21 G1
Ban Hai (VP) 17 G3
Ban Hamluang 10 C6
Ban Hang (V) 15 F2
Ban Hang Khong 22 D4
Ban Hangphu Noy 21 E5
Ban Hao Tai 14 D3
Ban Hat (Cha) 22 D4
Ban Hat (Kha) 18 C5
Ban Hatchang 13 H3
Ban Hatdiat 17 H1
Ban Hat En 13 F1
Ban Hat Hai 13 F3
Ban Hathian 13 F4
Ban Hat Hom 12 C3
Ban Hatkam 17 H2
Ban Hatkeo 13 E5
Ban Hatkham (Bol) 17 H2
Ban Hatkham (Kha) 18 C5
Ban Hatkham (LP) 13 F3
Ban Hatkham (Udo) 13 E4
Ban Hatkhang 13 F4
Ban Hatkhen 13 G3
Ban Hatkho 13 F3
Ban Hatkiang 17 E3
Ban Hatko 11 E5
Ban Hatkok 14 C2
Ban Hat Lom 12 D2
Ban Hatnaleng 12 D2
Ban Hatnang 11 E6
Ban Hatnga Nua 11 E6
Ban Hatnga Tai 11 E6
Ban Hatpang 13 F3
Ban Hatpe 21 F5
Ban Hatphang 18 B2
Ban Hatphuan 13 G3
Ban Hatsa 12 B4
Ban Hatsati 23 F1
Ban Hatteu 13 E4
Ban Hatthao 13 H2
Ban Hat Xa 11 E4

Ban Hat Xai Khun 22 D4
Ban Hatxat 12 B4
Ban He 22 D2
Ban Heo 14 D3
Ban Het (V) 23 H2
Ban Heu 19 F5
Ban Hiang 22 C2
Ban Hinbok 20 C4
Ban Hinhup Tai 17 E2
Ban Hinlap 21 E6
Ban Hinngon (Bol) 18 B2
Ban Hinngon (XK) 14 B6
Ban Hinnuphung 13 H5
Ban Hin Nyon Kang 13 G5
Ban Hintang 14 D4
Ban Hok (T) 12 B4
Ban Hokang 14 A5
Ban Homsay 14 C4
Ban Homsuk 12 B4
Ban Homthong 14 B4
Ban Hongthong 17 G3
Ban Hongthu 13 F2
Ban Houei Nhang (Ca) 23 F4
Ban Huadondet 22 D4
Ban Huadonhi 22 C3
Ban Huahat 20 B3
Ban Huakeng 11 E6
Ban Huakhang 14 C2
Ban Hua Khong 22 D3
Ban Huakhonglem 22 D3
Ban Huamuang (HP) 14 B3
Ban Huamuang (LP) 13 G4
Ban Huamuang (Sai) 12 B5
Ban Huaymo 14 C1
Ban Huaymun 20 D4
Ban Huaymut 13 E1
Ban Huaynamkham 18 D6
Ban Huaynamphak 22 D1
Ban Huaynamsai Lum 22 D1
Ban Huayngang 12 D5
Ban Huayngeun 11 G4
Ban Huayngeun Kang 22 D2
Ban Huayngua 20 C4
Ban Huayngua Tai 20 C1
Ban Huaynguan 13 F3
Ban Huaynyiat 12 C3
Ban Huaypa 11 E6
Ban Huaypachat 14 B2
Ban Huaypen 13 F3
Ban Huayphe Noy 13 F2
Ban Huayphiang (LP) 13 H3
Ban Huayphiang (Udo) 13 F1
Ban Huayphok 14 C2
Ban Huayphuk 11 E6
Ban Huaypolam 14 C1
Ban Huaypong 10 D4
Ban Huaypung (LP) 13 G4
Ban Huaypung (Udo) 11 E6
Ban Huaysa 12 C4
Ban Huaysachang 13 G3
Ban Huaysala 13 F5
Ban Huaysan (HP) 14 D3
Ban Huaysan (Sav) 21 F2
Ban Huaysapho 13 F5
Ban Huaysat (Pho) 11 F5
Ban Huaysat (Sai) 12 C4
Ban Huayse Nua 13 F4
Ban Huaytamang 13 G4
Ban Huaytangan 14 A2
Ban Huaytap 12 D4
Ban Huaytha 19 F6
Ban Huaytham 13 H2
Ban Huaythao 14 C5
Ban Huaythong 13 G2
Ban Huaythong Nua 13 H1
Ban Huayto 16 B4
Ban Huaytong 14 B2
Ban Huaytu 13 G3

Ban Huayvang 13 E2
Ban Huayvay 21 E6
Ban Huayveu Nyai 13 G2
Ban Huayvong 12 C3
Ban Huayxai 22 C3
Ban Huayxan 21 E6
Ban Huayxang 13 F1
Ban Huayxay 21 E6
Ban Huayxin Tai 13 F3
Ban Huayxong 13 G2
Ban Huayxoy 23 F1
Ban Huayya 13 E3
Ban Huayyung 10 D4
Ban Humphan 14 C4
Ban Hun 21 F4
Ban Hung 21 F5
Ban Ilai 17 E3
Ban Imlakhill 10 B6
Ban Inthi Tai 23 F2
Ban Itu 20 D6
Ban Jiang 13 F6
Ban Kachoxe 12 C2
Ban Kadap 21 E2
Ban Kadeng 14 B3
Ban Kado 21 E1
Ban Kaewkut 15 E4
Ban Kaew Noi 10 B6
Ban Kafe 21 F5
Ban Kaiso 13 G6
Ban Kala 23 E2
Ban Kalai Nhai (Ca) 23 G4
Ban Kalangto 13 E2
Ban Kaliang 18 D2
Ban Kalua 13 E2
Ban Kaluay 21 E3
Ban Kaman 21 F3
Ban Kammakon 20 D2
Ban Kampon 12 D2
Ban Kan 18 D6
Ban Kang (Bok) 12 C3
Ban Kang (HP) 14 C2
Ban Kang (HP) 15 F4
Ban Kang (LP) 13 H2
Ban Kang (Pho) 11 G4
Ban Kangkhambon 19 E6
Ban Kangpabong 14 D3
Ban Kanio (Ca) 23 G3
Ban Kanluang 22 C4
Ban Kanyang 16 C1
Ban Kaoho 11 E3
Ban Kaosan 11 E3
Ban Kapang 20 D3
Ban Kapa Noy 21 E3
Ban Kapay 21 E1
Ban Kapu 21 E5
Ban Kasang Kang 21 G6
Ban Kasia 13 F4
Ban Kasom 23 G1
Ban Kasong 13 H4
Ban Kat 13 F2
Ban Kataytop 12 C4
Ban Katep 20 D1
Ban Kateum 21 F5
Ban Kathang 21 F5
Ban Katha Tai 23 F2
Ban Kathin 20 D3
Ban Katin 20 C6
Ban Katok 19 G6
Ban Katup 22 D2
Ban Kaynye 12 C3
Ban Kayong Nua 21 G5
Ban Kele 22 D2
Ban Ken 12 C5
Ban Kengchong 19 E6
Ban Kengdet 13 E2
Ban Kenghang 21 E4
Ban Kenghon Nyat 20 D5
Ban Kenghuat 20 C5

Ban Kengkang 20 C6
Ban Kengkaxa 21 E4
Ban Kengkhen 13 F4
Ban Kengkhum 21 E5
Ban Kengkhup 20 D1
Ban Kengkung 13 F4
Ban Kengpham 20 C2
Ban Kengsao 16 B3
Ban Kengsim 21 E4
Ban Kengtapa 19 F6
Ban Kengxai 21 G6
Ban Kenpha 14 A2
Ban Keo (Sai) 16 C1
Ban Keo (Udo) 12 D4
Ban Keobokhuang 15 E3
Ban Keohuay 14 B6
Ban Keomuangna 14 B6
Ban Keo Nguak 14 C4
Ban Keoven 14 D1
Ban Keun (Bok) 12 C3
Ban Keun (Vien) 17 E3
Ban Kha 14 D3
Ban Khai 10 D6
Ban Khai Si (T) 17 G2
Ban Khak 12 C3
Ban Kham 12 C4
Ban Kham I 20 C5
Ban Khamak 17 E1
Ban Khammuan 18 D3
Ban Khamphena 18 D6
Ban Khamphuang 18 D6
Ban Khampom 13 H1
Ban Khamthong Noy 21 E5
Ban Khana 11 E5
Ban Khang (T) 22 A2
Ban Khanghai 14 A5
Ban Khanghong 17 F2
Ban Khangnyao 14 A5
Ban Khan Theung 13 G1
Ban Khanung 12 C3
Ban Khanungphet 12 D3
Ban Khanyong 20 B3
Ban Khay 14 B4
Ban Khek 14 B5
Ban Khem (Sai) 16 B1
Ban Khem (Sai) 16 B2
Ban Khembo 10 D4
Ban Khe Tai 20 D3
Ban Khet Ha 17 E2
Ban Khiam 22 B3
Ban Khinak 22 D4
Ban Khmu 12 D2
Ban Kho 12 C3
Ban Khoa 11 E6
Ban Khoan 12 A3
Ban Khok (T) 16 A3
Ban Khok 19 F6
Ban Khokakha 16 C1
Ban Khok Ek 13 E4
Ban Khokfak 16 C1
Ban Khokkhaodo 16 B3
Ban Khokkong 22 C2
Ban Khoknang 13 F3
Ban Khok Nyai 20 B2
Ban Khokpho 13 F3
Ban Khoksi 19 E6
Ban Khoktom 13 E5
Ban Khoktong 18 D6
Ban Khomen 11 E5
Ban Khon (Cha) 22 D4
Ban Khon (Pho) 10 D5
Ban Khon (Sai) 12 C5
Ban Khong (HP) 14 B4
Ban Khong (Udo) 12 C4
Ban Khonglao 14 D4
Ban Khonken (Bol) 18 C3
Ban Khonken (Cha) 22 D1
Ban Khonken (Sai) 16 B3

Ban Khonkeo 17 E2
Ban Khonkeung 13 G3
Ban Khonkham 13 F3
Ban Khonkhoang 18 A3
Ban Khonluang 16 D1
Ban Khonphuk 16 D2
Ban Khonsong 18 B4
Ban Khon Tai 22 D4
Ban Khonte 20 B2
Ban Khonthut 23 E2
Ban Khot 19 E4
Ban Khuang 10 B6
Ban Khuang Nyai 21 E6
Ban Khum 16 B4
Ban Khumhin 17 E4
Ban Khun 14 D3
Ban Khunsukluang 11 E4
Ban Kiang 17 G1
Ban Kiaochua 14 D4
Ban Kiap 13 F4
Ban Kiu 11 E4
Ban Kiukacham 13 F5
Ban Kiulai 13 G2
Ban Kiulai Nua 13 G2
Ban Kiule 13 F4
Ban Kiuphulan 12 B5
Ban Kiutlu 12 D4
Ban Kiutlun Nyai 13 F5
Ban Kiu Uat 13 H4
Ban Klabai 21 H6
Ban Klan 21 G6
Ban Klo 21 E3
Ban Kofuang 14 C6
Ban Kohai (Bol) 18 B2
Ban Kohai (HP) 14 C3
Ban Kohai (XK) 18 A1
Ban Kohmagneul (Ca) 23 G6
Ban Kok 14 C1
Ban Kokdua 18 C2
Ban Kokkathon 16 B4
Ban Koknak 19 F6
Ban Kokngiu 13 F4
Ban Kokphao 11 E6
Ban Kolung 10 B6
Ban Kong (T) 16 D4
Ban Kong 21 E5
Ban Konghoy Si 13 G5
Ban Kongiu 14 C1
Ban Kongkhum 11 E6
Ban Kong Na Nyai 21 G6
Ban Kongxi Nyai 20 D5
Ban Konot 13 H1
Ban Ko Noy 13 F2
Ban Kontun 12 B4
Ban Konveun 12 D3
Ban Kopang 14 C6
Ban Kua (Vien) 16 D2
Ban Kua (VP) 16 D2
Ban Kuankhanyom 19 F5
Ban Kuankhoay 18 D5
Ban Kuanphan 18 D5
Ban Kuat 23 F2
Ban Kuay 21 E5
Ban Kumbuay 21 G3
Ban Kungchom 11 F6
Ban Ku Tai 21 G3
Ban Kuthin 20 B1
Ban Kuy 12 C2
Ban Kuychakhu 12 C2
Ban Kuysung 10 C6
Ban Kwaeng (T) 16 A2
Ban La (Pho) 10 D3
Ban La (Pho) 11 E3
Ban Labang (Ca) 23 G5
Ban Lahakhok 20 B3
Ban Lahanam Thong 20 B3
Ban Lahang (Pho) 11 E6
Ban Lahang (Sal) 21 F3

Ban Lai Nyai 13 E2	Ban Luangxo 22 D3	Ban Muang Ngeun 10 D6	Ban Nakathang Thong 19 E6
Ban Laipo 21 F4	Ban Luk 21 F4	Ban Muangnyut 14 C2	Ban Nakeo Tai 20 C6
Ban Lak (Cha) 21 E6	Ban Ma 10 D3	Ban Muangpan 14 D2	Ban Nakep 16 C3
Ban Lak (Cha) 21 E6	Ban Mahak Tai 21 F2	Ban Muangpeun 14 C3	Ban Na Kham (T) 17 F4
Ban Lak (Sav) 20 B2	Ban Mai (Att) 23 G1	Ban Muangpha 14 A5	Ban Nakham (Bol) 17 G2
Ban Lak (Udo) 13 E3	Ban Mai (LNT) 13 E1	Ban Muangphat 15 E4	Ban Nakham (HP) 14 D2
Ban Lakhon 13 G2	Ban Mai (LP) 13 G3	Ban Muangphong 20 C3	Ban Nakham (Kha) 18 C6
Ban Lakhonpheng 20 C4	Ban Mai (LP) 13 H3	Ban Muangpua 14 D2	Ban Nakham (Sai) 16 B5
Ban Lakoy 21 E3	Ban Mai (T) 17 H3	Ban Muangsa 12 C1	Ban Nakham (Sav) 20 B1
Ban Lak Samsip Sam 17 F1	Ban Mai (VP) 17 E3	Ban Muangsa Kao 12 B1	Ban Nakham (Sav) 20 B3
Ban Lalong 21 E2	Ban Mai Khok 20 D4	Ban Muangsen 20 C1	Ban Nakham Noi 22 D2
Ban Lalu 21 E1	Ban Mai Phosi 20 C2	Ban Muangsum 14 C2	Ban Nakhan 16 C2
Ban Lamo 21 F5	Ban Maisung 13 G4	Ban Muang U Neua 10 D3	Ban Nakhandai 20 C2
Ban Lampoy 20 C2	Ban Maka Noy 10 D5	Ban Muangva 16 B3	Ban Nakhang 12 D6
Ban Lamvay 20 C3	Ban Makkhua 23 G2	Ban Muangxom 13 H2	Ban Nakhanthung 17 F3
Ban Langmao 13 G6	Ban Maknao 23 E1	Ban Muangxun 13 F3	Ban Nakhanyang 16 B2
Ban Lanong 20 D3	Ban Man 17 H1	Ban Muangyo 10 D5	Ban Nakhaolom 17 H2
Ban Lanpa 10 D4	Ban Mangha Noy 21 H6	Ban Muan Noy 18 B2	Ban Nakhe 18 D3
Ban Lantuy Nyai 10 D2	Ban Mat 12 D1	Ban Mukkha 12 D3	Ban Nakhe Khok 18 D6
Ban Lanyao Nua 23 F1	Ban May 16 B3	Ban Mun (LP) 13 G2	Ban Nakhok (Kha) 18 B4
Ban Lanyao Tai 23 F1	Ban Men 18 C4	Ban Mun (Vien) 16 D2	Ban Nakhok (Udo) 13 F2
Ban Lao 18 D5	Ban Menkuapung 10 D2	Ban Mun Kang 21 E5	Ban Nakhu 21 E4
Ban Laobao 21 E2	Ban Meo 10 D6	Ban Munpakit 21 E5	Ban Nakhua (Bol) 18 B3
Ban Lao Chao 10 D4	Ban Met 20 B2	Ban Na (Sal) 20 D5	Ban Nakhua (Pho) 11 F4
Ban Laokay 13 G5	Ban Meuy 22 C2	Ban Na (Sav) 20 B2	Ban Nakhuan 18 D3
Ban Laokha 18 B4	Ban Mo (Sek) 21 F6	Ban Na (Sav) 21 E2	Ban Nakoang 14 C1
Ban Laoma 11 F5	Ban Mo (XK) 14 C6	Ban Naa 22 D4	Ban Nakok 16 B4
Ban Lao Maew 11 E3	Ban Mok 18 A1	Ban Naang 13 E4	Ban Nakong 16 B2
Ban Laonat 20 B3	Ban Mokchalu 13 E4	Ban Na Ang (Vien) 16 D2	Ban Nakut 14 B4
Ban Laonya 22 D1	Ban Mokchong 12 C4	Ban Na Ang (Vien) 17 E1	Ban Nakutchan 20 B1
Ban Lao Nyai 20 B2	Ban Mokkavi 12 C3	Ban Nabo 21 E2	Ban Nalai Dong 20 B2
Ban Laopan 11 E5	Ban Mokkok 13 G1	Ban Nabon (Cha) 22 D1	Ban Nalan 22 D3
Ban Laopanluang 11 E5	Ban Mokkong 13 F2	Ban Nabon (XK) 14 A4	Ban Nalao 17 E3
Ban Laophuchay 11 E3	Ban Mokkut 12 D3	Ban Nabon Nua 21 E4	Ban Nalaviang 20 D3
Ban Laosao 13 G2	Ban Moklom 11 E5	Ban Nabon Tai 21 E4	Ban Nale (LNT) 12 D2
Ban Laosen (Pho) 11 E6	Ban Mokphang 12 D4	Ban Nabo Nua 20 C2	Ban Nale (Pho) 11 F4
Ban Laosen (Pho) 11 E6	Ban Moksamok 12 C3	Ban Nabuam 12 D6	Ban Nale (Vien) 16 D3
Ban Laosen (Pho) 11 E6	Ban Mokso 12 B4	Ban Na Ca (V) 15 E5	Ban Naleng Tai 16 D3
Ban Laosing 10 D4	Ban Mon 14 C4	Ban Nachaling 19 G6	Ban Naluang 17 F1
Ban Laotatong 13 E3	Ban Mongmeng 12 D2	Ban Nachampa 18 D6	Ban Naluang Nua 19 F6
Ban Laothen 11 E4	Ban Mong Nam 14 D1	Ban Nachantang 20 D3	Ban Nalum 14 D3
Ban Laoxang 13 H2	Ban Mophu 22 D1	Ban Nachia 18 D3	Ban Nama 15 E3
Ban Laoyeu 13 F3	Ban Muang (Cha) 22 D1	Ban Nachong 14 D2	Ban Namaek 10 D6
Ban Lapit 21 E2	Ban Muang (HP) 14 D1	Ban Naden 19 E5	Ban Namakkua 20 B1
Ban Lat 16 B3	Ban Muang (Kha) 18 C3	Ban Nadeng 18 D6	Ban Naman 15 E2
Ban Lataha 21 E1	Ban Muang (Sai) 12 B5	Ban Nadi 17 E3	Ban Namat Nua 13 G4
Ban Latkhoay 14 B6	Ban Muang (Sai) 16 C3	Ban Nadon 18 D5	Ban Namavang (Ca) 23 H3
Ban Latlan 13 F3	Ban Muang (Sal) 20 D5	Ban Nadonbong 20 D4	Ban Nambeng Tai 20 D6
Ban Latngon 14 A5	Ban Muang (T) 17 H4	Ban Nadu (Sal) 20 C4	Ban Nambo 20 A2
Ban Latsaluay 23 F1	Ban Muang Angkham 20 D1	Ban Nadu (XK) 14 B4	Ban Nambok 10 B6
Ban Latsan 21 E1	Ban Muang Ao Nua 17 G1	Ban Nadumai 20 C4	Ban Namchan 13 F5
Ban Lava 12 D3	Ban Muangba 18 D6	Ban Nadu Nyai 21 E4	Ban Namchat 13 H5
Ban Le (LP) 13 E4	Ban Muang Bo 17 H1	Ban Nafay 16 B3	Ban Namchiat 14 B2
Ban Le (LP) 13 F4	Ban Muang Et 14 C1	Ban Nahai (Bol) 18 D3	Ban Namching 17 G2
Ban Leng (HP) 14 B2	Ban Muanghang 14 D1	Ban Nahai (Kha) 18 D5	Ban Namchoam 12 B3
Ban Leng (HP) 14 B2	Ban Muang Hat Hin 11 E4	Ban Nahai (LP) 13 E4	Ban Nameo 19 E4
Ban Le Tai 14 A4	Ban Muangheup 13 H1	Ban Nahai (VP) 17 E4	Ban Namet 13 E2
Ban Likna 11 E6	Ban Muanghom 14 D1	Ban Nahang 20 C2	Ban Nam Eu 13 G1
Ban Limungchat 11 E4	Ban Muanghuang 17 H1	Ban Nahao 18 D4	Ban Namha 12 D2
Ban Lingxan 17 E3	Ban Muang Kao 20 C6	Ban Nahat (Bol) 18 D3	Ban Namhi 16 C3
Ban Lok 21 F4	Ban Muangkhai (Kha) 18 C4	Ban Nahat (Vien) 16 D3	Ban Namhing 21 F6
Ban Loko 21 F3	Ban Muangkhai (Kha) 18 C5	Ban Nahe 14 A5	Ban Namhu 10 B6
Ban Lomsak Tai 20 D6	Ban Muangkhai (Kha) 18 D5	Ban Nahi (HP) 14 D4	Ban Namhua 11 E3
Ban Lon 11 F5	Ban Muangkhao 14 B4	Ban Nahi (Kha) 19 E5	Ban Namhun 11 E5
Ban Long 14 C3	Ban Muangkhay 13 E4	Ban Nahoipang 16 D3	Ban Nami Nyai 21 E5
Ban Longcheng 13 H6	Ban Muangkhi 16 C2	Ban Nahon 13 E2	Ban Namat 12 B3
Ban Longchok Sung 13 F2	Ban Muangkuan 15 E4	Ban Nahoy 14 C1	Ban Namkeng 14 C6
Ban Longkuan 13 H5	Ban Muangliap 16 C2	Ban Nahuabuni 20 D5	Ban Nam Keung Kao 12 A3
Ban Longlan 13 F4	Ban Muangliat 14 C2	Ban Nahuang 13 E2	Ban Namkha 13 E5
Ban Longlet 13 G4	Ban Muanglong 14 D1	Ban Na Innok 18 B4	Ban Namkhai 12 B2
Ban Longnyom Nyai 13 F4	Ban Muangluang 18 D4	Ban Nakachan 19 F5	Ban Namkhe 13 H5
Ban Longthang Nua 11 E4	Ban Muangmo 16 B4	Ban Nakang 18 C3	Ban Namkhun 11 E5
Ban Longvay 13 F4	Ban Muangmom 12 A3	Ban Nakangpa 16 D1	Ban Namkiang 17 E3
Ban Longxai 13 H2	Ban Muangmon 10 B6	Ban Nakangxe 20 C2	Ban Namko (Bok) 12 B3
Ban Lophanya 10 D4	Ban Muangmuay 13 H3	Ban Na Kao 16 A5	Ban Namko (Udo) 12 D4
Ban Loppadi Kang 22 D4	Ban Muangmun 16 C2	Ban Nakaphung 20 D2	Ban Namko (XK) 14 A5
Ban Loy 21 E4	Ban Muang Na 14 D4	Ban Nakasao 21 E5	Ban Namkong 23 F2
Ban Luang 17 G1		Ban Nakasong 22 D4	Ban Namkun Mai 16 C3

Ban Namla 10 C6	Ban Nanguang 14 C4	Ban Naxai (Sal) 21 E5	Ban Nongping 23 E2
Ban Namliao 16 C1	Ban Na Ngen 18 B3	Ban Naxai (Sav) 20 A2	Ban Nongsa 22 D2
Ban Namliap 13 E6	Ban Nangiu 16 D1	Ban Naxalo 19 F6	Ban Nongsano 20 B4
Ban Namlong 13 E3	Ban Nangoy 13 H4	Ban Naxan (Sav) 20 D4	Ban Nongset 23 E1
Ban Namlong Mai 11 E5	Ban Nano 14 A5	Ban Naxan (Udo) 13 E4	Ban Nongte 22 C1
Ban Namluang (LNT) 10 C6	Ban Nanong 20 C5	Ban Naxay (Sav) 20 C2	Ban Nongtha Nua 17 E3
Ban Namluang (LNT) 12 D1	Ban Nanuan 13 E5	Ban Naxay (VP) 17 G3	Ban Nongviat 21 G5
Ban Nam Mai 13 H1	Ban Nanyam 18 A1	Ban Naxeng (Vien) 13 D1	Ban Non Nyang 22 C2
Ban Nammat 10 C6	Ban Nanyang 17 E3	Ban Naxeng (Vien) 16 D2	Ban Nonnyiao 17 E3
Ban Nammi 20 D1	Ban Nanyao 10 D3	Ban Naxiangdi 12 D4	Ban Nonsan 20 A1
Ban Nammiang 13 F2	Ban Nanyon 20 C1	Ban Naxon 17 F3	Ban Nonsavang (Sal) 20 C4
Ban Nammon 15 E4	Ban Napachat 16 D1	Ban Naxong (Kha) 19 E6	Ban Nonsavang (Sav) 20 B3
Ban Nammuang 17 E1	Ban Napakiap 22 D4	Ban Naxong (Vien) 16 C3	Ban Nonsavang (Sav) 20 C3
Ban Namnen 11 F5	Ban Napa Tai 13 E2	Ban Naxoy 18 D6	Ban Noy 10 D5
Ban Namnga 11 F6	Ban Napaxom 20 C3	Ban Naxuak (Att) 23 G2	Ban Noy Kheng 11 F6
Ban Namngeun 12 C2	Ban Naphakeo 19 E6	Ban Naxuak (Sav) 20 C4	Ban Nuayhom 14 B4
Ban Namngiu 12 B3	Ban Naphan 20 A3	Ban Naxuang 18 B2	Ban Nyai (Sai) 12 D4
Ban Nam Noy 19 E4	Ban Naphao 19 E6	Ban Ne 13 F3	Ban Nyai (Sai) 16 B2
Ban Namnyon 16 D1	Ban Naphek 20 B1	Ban Ngam 15 E3	Ban Nyaku 23 F2
Ban Namo 16 C1	Ban Napheng 17 E3	Ban Ngay Nua 10 D4	Ban Nyangkham 20 A1
Ban Nam Okhu 13 F4	Ban Naphia 14 A5	Ban Ngithang 10 D4	Ban Nyangkom 18 C6
Ban Nam Om 22 D2	Ban Naphiang (HP) 14 C1	Ban Ngon 14 B2	Ban Nyang Nyai 18 D6
Ban Nam On 18 D2	Ban Naphiang (Vien) 16 C4	Ban Ngonsai 20 D2	Ban Nyang Tai 11 E5
Ban Namon (Sai) 16 C1	Ban Napho (Sal) 21 F5	Ban Ngoy Nua 13 G2	Ban Nyao 12 C3
Ban Namon (Vien) 13 F6	Ban Napho (Sav) 20 A2	Ban No. 9 20 D6	Ban Nyavak 13 E2
Ban Namon (Vien) 17 E1	Ban Napho (Vien) 13 F6	Ban No.10 13 F5	Ban Nyay Tai 11 F5
Ban Namon Mai 13 F6	Ban Napho (Vien) 17 E2	Ban Nokhom 12 D4	Ban Nyfa 14 D4
Ban Nampa (LNT) 13 E2	Ban Naphokhen 20 B1	Ban Non (Sal) 21 F4	Ban Nyo 13 E3
Ban Nampa (Pho) 11 F5	Ban Naphong 16 D2	Ban Non (Vien) 16 D2	Ban Nyokthong 21 F5
Ban Nampe 17 E1	Ban Naphongtiu 20 B3	Ban Noncham 20 C4	Ban Nyotehen 13 H2
Ban Nampe Tai 12 C5	Ban Napho Nyai 21 E4	Ban Nondeng Nua 22 C2	Ban Nyotkhay 14 C5
Ban Namphak 12 D3	Ban Naphu (Ca) 22 D5	Ban Nong (LP) 13 G3	Ban Nyuana 13 E3
Ban Namphao (Udo) 12 D4	Ban Naphun 17 F3	Ban Nong (Sai) 16 B4	Ban Nyup 21 G4
Ban Namphao (Vien) 17 E2	Ban Naphung 16 D2	Ban Nongbua (Cha) 20 D4	Ban O 18 C4
Ban Namphat 16 D1	Ban Napong (Sai) 12 D4	Ban Nongbua (Kha) 18 D4	Ban Oa Tai 11 E4
Ban Nampheng 13 E1	Ban Napong (Sal) 20 D5	Ban Nongbua (Sal) 21 F5	Ban Okat Nyat 20 D5
Ban Nampheung 17 G1	Ban Napung 18 D3	Ban Nongbua (Sav) 20 D3	Ban Omaluangthang 11 E5
Ban Namphu 12 D4	Ban Nasa 16 D3	Ban Nongbuatha 20 B3	Ban Omkok 11 F6
Ban Namphuan 17 G1	Ban Nasak 16 C3	Ban Nongdeun 20 A2	Ban Omtot 11 F6
Ban Namphuk 16 B4	Ban Nasamliam 22 C2	Ban Nongdong 18 C4	Ban On Nyai 20 D6
Ban Nampik 13 E1	Ban Nasano 20 C3	Ban Nongehan 19 F5	Ban Oy 21 F3
Ban Nampot 17 E2	Ban Nase (Kha) 18 C5	Ban Nonghai 20 B2	Ban Paam 23 G1
Ban Nampu 12 B3	Ban Nase (Kha) 18 D5	Ban Nonghai Khok 20 C6	Ban Pacampang (Ca) 23 E5
Ban Nampuk 12 B3	Ban Nasenphan 22 D3	Ban Nonghang (HP) 14 C2	Ban Padang 21 E3
Ban Nampung 14 A3	Ban Naso 13 E5	Ban Nonghang (Kha) 18 C3	Ban Padu 21 E4
Ban Nampu Nya 16 C2	Ban Nasom 14 A6	Ban Nonghinkhao 21 E6	Ban Pahai 21 G3
Ban Nampuy 16 B1	Ban Nasom Nyai 12 D6	Ban Nonghom 23 F1	Ban Pahang 14 D1
Ban Namsanam 18 C3	Ban Nat 19 E4	Ban Nonghoy 18 C4	Ban Pahok 18 B2
Ban Namsang 18 B3	Ban Natabeng Mai 20 D5	Ban Nongkang 13 H4	Ban Pahung 21 G5
Ban Namsik 18 C2	Ban Natak 13 E5	Ban Nongkham (LNT) 12 C2	Ban Pak (T) 17 G4
Ban Nam Tai 14 C3	Ban Natan (Kha) 18 C4	Ban Nongkham (LP) 13 G2	Ban Pakbak 13 F4
Ban Namte 12 D3	Ban Natan (LNT) 12 D1	Ban Nongkhamhet 20 B2	Ban Pakbo (Att) 23 E2
Ban Namtham 13 E3	Ban Natan (VP) 16 D3	Ban Nongkhe 23 E2	Ban Pakbo (LP) 13 E6
Ban Namthung 12 B3	Ban Natan Dong 20 D5	Ban Nongkhen 20 D5	Ban Pakha (Bol) 18 C3
Ban Namtiang (LNT) 12 C2	Ban Naten 10 D6	Ban Nongkhiat Luang 20 B1	Ban Pakha (HP) 14 C3
Ban Namtiang (Udo) 12 C3	Ban Nathamu 20 C3	Ban Nongkhoay 18 D2	Ban Pakha (Pho) 10 D5
Ban Namtiang Theung 21 F6	Ban Nathao 17 E1	Ban Nongkhom 17 E3	Ban Pakha (Vien) 13 F6
Ban Namtin 13 E2	Ban Nathe 17 F3	Ban Nongkhom 20 C3	Ban Pakham 16 D2
Ban Namtong 12 B3	Ban Nathen Kao 13 F6	Ban Nongkhuang 21 E6	Ban Pakhang (Vien) 16 C2
Ban Namtong Tai 13 E2	Ban Nathom (Sai) 12 B5	Ban Nongko 20 D4	Ban Pakhang (Vien) 16 C2
Ban Namuang (LNT) 13 F5	Ban Nathom (Sav) 20 C1	Ban Nongkoang 14 A4	Ban Pak Hinbun Tai 18 C5
Ban Namuang (Sav) 20 C1	Ban Nathom Se 20 D2	Ban Nongkom 20 A2	Ban Pakho 14 C4
Ban Namun 19 G6	Ban Nathongsomlong 23 E2	Ban Nongkung (Sal) 20 C4	Ban Pakhom 14 D1
Ban Namvang 12 D2	Ban Nathongtun 19 F6	Ban Nongkung (Sal) 20 D5	Ban Pakhung 13 E6
Ban Namvat Tai 11 F6	Ban Natok 13 F4	Ban Nonglao 20 C5	Ban Pakkhem 16 B4
Ban Namxa 13 F5	Ban Natum 21 E5	Ban Nongleng 18 B2	Ban Pakkla 13 H3
Ban Namxe 13 E1	Ban Natung 16 C1	Ban Nongmek (Bol) 18 D3	Ban Pakleuk 17 G2
Ban Namxong (Sai) 16 B1	Ban Na-U 11 E5	Ban Nongmek (Cha) 21 F6	Ban Paklung 13 F4
Ban Namxong (Sai) 16 B3	Ban Na Um 16 B2	Ban Nong On 18 D3	Ban Pakmon 13 E5
Ban Namxua 12 C2	Ban Nava 20 D4	Ban Nong On (LP) 14 A2	Ban Pakmong 13 F2
Ban Namxuay Nua 13 H3	Ban Navang (Kha) 19 E4	Ban Nong On (SSZ) 14 A6	Ban Paknamsangla 13 F2
Ban Namxut 14 C6	Ban Navang (LP) 13 F4	Ban Nongpachit 16 A4	Ban Pakneun 13 E6
Ban Namyang Nyai 16 D2	Ban Navang (Sav) 20 A1	Ban Nongphan (Cha) 22 D2	Ban Paknga (LP) 13 F3
Ban Nam Yen 13 H6	Ban Navang (Udo) 12 D4	Ban Nongphan (Sav) 20 B3	Ban Paknga (LP) 13 G4
Ban Namyen 12 B4	Ban Navay 10 D6	Ban Nongphanuan 21 F6	Ban Pakngeun 18 B1
Ban Nanaa 17 E3	Ban Naven 16 B1	Ban Nongphing 23 E1	Ban Pakngeuy 12 C4
Ban Nanam 18 B4	Ban Naveung 13 H2	Ban Nongphong Tai 17 E3	Ban Pakngu 12 D5
Ban Nangam 12 C3	Ban Navit 14 D2	Ban Nongphu 23 E1	Ban Paknyan 16 C1

Ban Paknyong 11 F6	Ban Phalat 16 C4	Ban Phonkham (Kha) 18 C5	Ban Pong Tai 13 F3
Ban Paknyun 17 H2	Ban Phalavek 17 G2	Ban Phonkham (XK) 14 B5	Ban Pop Ho 12 D5
Ban Pakpet Nuc 12 B4	Ban Phalay Bok 23 E2	Ban Phonlek 19 E5	Ban Posang Nyai 11 E4
Ban Pakphang 16 C4	Ban Phalom 12 C4	Ban Phonmen 18 C4	Ban Pousihou (Ca) 23 E5
Ban Pakpho 13 E5	Ban Phalong 20 D2	Ban Phonmuang (Sav) 20 B2	Ban Poyo 21 G5
Ban Pakpi 13 E5	Ban Phaluang 14 B5	Ban Phonmuang (VP) 17 E3	Ban Puaykhao 20 B3
Ban Pakpo 17 E1	Ban Phamal 15 E4	Ban Phon Ngam 20 B1	Ban Pucha 10 C3
Ban Pakpung 13 F1	Ban Phamon Nua 14 B2	Ban Phonngam 14 A4	Ban Pung (Bok) 12 B3
Ban Pakse 22 C4	Ban Phamuang 18 C3	Ban Phon Nyai 20 C6	Ban Pung (HP) 14 D3
Ban Paksi 13 E4	Ban Phanang 18 D5	Ban Phonpai 21 E5	Ban Pung (Kha) 18 B4
Ban Paksong 22 C3	Ban Phang (V) 15 F3	Ban Phonsaat (Cha) 22 D3	Ban Punghai 14 A4
Ban Pakthoay 17 H2	Ban Phang 12 C3	Ban Phonsaat (Cha) 23 E2	Ban Pungkuak 18 D3
Ban Pakthon 18 B3	Ban Phangam 12 D3	Ban Phonsak 16 B2	Ban Punglak 13 F6
Ban Paktlai 21 G5	Ban Phangheng 20 B2	Ban Phonsana 13 G1	Ban Pungma 16 B3
Ban Paktom 16 B4	Ban Pha Ngoyling 15 E4	Ban Phonsavang (Bol) 17 H2	Ban Pungnyang 11 F6
Ban Paktu 17 F2	Ban Phanlo 14 A4	Ban Phonsavang (Vien) 17 E2	Ban Pungpo 20 D1
Ban Pakuay (Udo) 13 E2	Ban Phanom 13 F4	Ban Phon Sawan (T) 18 B5	Ban Pungsuak 13 G3
Ban Pakuay (Kha) 19 E6	Ban Pha Nua 14 A6	Ban Phonsi (Bol) 17 G3	Ban Pung Tai 18 C5
Ban Pakxong 20 B3	Ban Phanuan Nyai 21 E6	Ban Phonsi (Bol) 18 A3	Ban Pungthak 15 E4
Ban Pakxuang 13 F4	Ban Phanyalat 11 F5	Ban Phonsi (Bol) 18 C2	Ban Pungxay 12 B1
Ban Pakxun 18 A3	Ban Phanyaluang 12 B1	Ban Phontan (Bol) 18 C3	Ban Pungxeng 14 C5
Ban Pakyong 21 E6	Ban Phanyalungkhamtan 10 A6	Ban Phontan (Sal) 21 E5	Ban Pungxo 13 H2
Ban Palang 21 E3	Ban Phao 17 F3	Ban Phonthan 14 C4	Ban Pun Kao 15 E3
Ban Palay 21 G4	Ban Pha Ong 13 G1	Ban Phonxai (HP) 14 C3	Ban Pupa 21 H6
Ban Paleknamek 20 D5	Ban Phaong 12 B3	Ban Phonxai (LP) 13 G2	Ban Putaling 13 E3
Ban Paleng 21 G4	Ban Phapheung 18 B2	Ban Phonxai (SSZ) 17 F1	Ban Saang (Kha) 19 F5
Ban Paling 22 B4	Ban Phapho 23 E2	Ban Phonxai (Udo) 17 E1	Ban Saang (Sek) 21 G4
Ban Palong Nyai 21 H6	Ban Phapon 13 F3	Ban Phonxai Nyai 13 F4	Ban Sadun 21 E1
Ban Palung 20 C2	Ban Phatang 13 G6	Ban Phosi 17 E3	Ban Sakai 16 D3
Ban Pamailuang 13 H5	Ban Phathung 13 F3	Ban Phubek 12 D2	Ban Sakamdeng 10 A6
Ban Panam Mai 19 E6	Ban Phatonglom 13 G5	Ban Phuchanom 13 G4	Ban Sakmuang Tai 20 C6
Ban Pang 12 D2	Ban Phatong Mai 10 D4	Ban Phuheun 12 D3	Ban Sakoen (T) 12 B6
Ban Panghai 12 B4	Ban Phatum 13 G6	Ban Phuket 13 E2	Ban Sakok 13 H3
Ban Panghok 11 F6	Ban Phatung 16 C2	Ban Phukhaokhoay 17 F3	Ban Sala 21 F3
Ban Pangkhon 13 E5	Ban Phavi 13 G3	Ban Phukho 11 E5	Ban Sala Denain 17 H1
Ban Pani 21 F3	Ban Phavolo 17 F1	Ban Phukuan 12 D2	Ban Salai 20 D2
Ban Panyakha 13 G5	Ban Phe 12 C2	Ban Phulan 12 C2	Ban Sala Kaibang 20 D2
Ban Pao 15 E3	Ban Pheng 12 C3	Ban Phulava 11 E5	Ban Salaeng 21 E2
Ban Pa Ok (2) 21 E3	Ban Pheu (T) 17 E4	Ban Phuleun 12 D5	Ban Salatintok 23 G1
Ban Pata Su (Ca) 23 E5	Ban Phia (LP) 13 G5	Ban Phulu 14 A5	Ban Sali 20 D5
Ban Patip 18 C6	Ban Phia (LP) 13 H3	Ban Phumon (Pho) 11 E5	Ban Saloei 14 C3
Ban Patxum 17 H2	Ban Phia (Pho) 11 F6	Ban Phumon (XK) 14 C6	Ban Salo Tai 21 E1
Ban Paxia 21 F3	Ban Phia (Udo) 13 E2	Ban Phumuang 11 E4	Ban Saman 20 C6
Ban Peu (LP) 14 B1	Ban Phiaachen 10 D5	Ban Phungkon 14 B3	Ban Samet Nyai 12 D5
Ban Peu (Sav) 20 D3	Ban Phialat 10 D3	Ban Phunongkhoay 13 F3	Ban Samia 20 D5
Ban Peuchay 11 E3	Ban Phialo 11 F5	Ban Phunyot 11 E4	Ban Samkang 13 E3
Ban Peuhoasung 10 D3	Ban Phialo Kao 11 F5	Ban Phuphamuang 14 B5	Ban Samlang 11 E5
Ban Peup 14 A4	Ban Phiangcheu 10 D6	Ban Phuphapheo 13 H3	Ban Sammun 16 D1
Ban Phabat 17 G3	Ban Phiangdang 14 B4	Ban Phuphiang 16 D2	Ban Sam Phan 11 E5
Ban Phabong 14 C4	Ban Phiangdi 14 D4	Ban Phupot 13 E4	Ban Samphanna 16 D3
Ban Phachdo 13 F5	Ban Phiangkham 14 B3	Ban Phusamsao 14 C4	Ban Samsao Nyai 17 G1
Ban Phadam 16 C1	Ban Phianghen 14 C4	Ban Phusani 13 E5	Ban Samthi 13 G5
Ban Phadeng (Bol) 18 B2	Ban Phiangpho 14 D4	Ban Phusathen 12 B4	Ban Samtom 13 H2
Ban Phadeng (HP) 14 D4	Ban Phiasi 11 E5	Ban Phusathi 11 E6	Ban Samuay 21 F2
Ban Phadeng (HP) 14 D4	Ban Phiaton 14 B2	Ban Phusida 13 F6	Ban Samuluang 11 E4
Ban Phadeng (LP) 13 H2	Ban Phiatxai 18 D3	Ban Phusung 13 E3	Ban San 21 F2
Ban Phadeng (XK) 14 B5	Ban Phiaxai 11 E5	Ban Phutan 12 D2	Ban San At 12 D2
Ban Phadeng Noy 10 D4	Ban Phicheu Mai 11 E6	Ban Phutangong 13 G4	Ban Sanchayon Kang 21 F4
Ban Pha En 14 C5	Ban Phila 18 C2	Ban Phuthen 11 E6	Ban Sancho 14 B5
Ban Phaeng (T) 18 B4	Ban Phixeucheung 11 E3	Ban Phutheng 14 D1	Ban Sandon 14 C5
Ban Phahok 14 C5	Ban Phochan 10 B6	Ban Phu Uat 13 E2	Ban Sandong 21 E5
Ban Phahom 13 G6	Ban Phok 12 D4	Ban Phuviang (LP) 13 G3	Ban Sang (Bol) 18 D2
Ban Phahon 18 B1	Ban Phokchong 13 G4	Ban Phuviang (Udo) 13 E4	Ban Sang (Kha) 18 D4
Ban Phai 20 B2	Ban Phokhem 21 E6	Ban Phuviang (Udo) 13 G1	Ban Sang In Noy 13 G3
Ban Phailom 20 D5	Ban Phomon Noi 17 G2	Ban Phuviang (XK) 14 B6	Ban Sangom 18 C5
Ban Phaka 19 G6	Ban Phomun 23 G2	Ban Phuxanao 13 E6	Ban Sankang (HP) 14 D4
Ban Phakeng 13 G5	Ban Phon 16 C2	Ban Phuxang (Pho) 11 E5	Ban Sankang (XK) 14 C5
Ban Phakeo 14 B5	Ban Phonbok 18 D5	Ban Phuxang (Udo) 12 D3	Ban San Keo (Ca) 23 F2
Ban Phakha Nyai 20 A2	Ban Phondua 20 B1	Ban Phya Sacar Bao (Ca) 23 G3	Ban San Nyom 14 C4
Ban Phakhao 14 B5	Ban Phong 18 B4	Ban Pianghong 14 C4	Ban San Ong 14 B3
Ban Phakheng 12 C1	Ban Phongnot 18 D3	Ban Piri Noy 16 C2	Ban Sano Nyai 21 E3
Ban Phakhot 18 C2	Ban Phongphot 22 C1	Ban Poay O Nai 21 G5	Ban Sanosathon 23 F2
Ban Phakkha 22 D2	Ban Phongsavang 20 D1	Ban Pom 12 D3	Ban Sanphu 13 G5
Ban Phaklak 14 C5	Ban Phonhay 20 D2	Ban Pompek 16 C3	Ban Saomsanuk 18 A3
Ban Phakvay 14 C5	Ban Phonhinhe 19 E6	Ban Pong 20 A1	Ban Saphang 22 D3
Ban Phalakhon 13 E5	Ban Phonhong 18 C3	Ban Pongchong 13 F2	Ban Saphay 20 C6
Ban Phalan (Sai) 12 D5	Ban Phonkham (Bol) 17 H2	Ban Pongdua 13 F5	Ban Sapi 12 D5
Ban Phalan (Sav) 20 C2	Ban Phonkham (Bol) 18 D3	Ban Pongkan 12 D3	Ban Saput 12 D2

Ban Sa San (V) 14 D5	Ban Soplan 14 D4	Ban Taveuay 21 E3	Ban Thongluang 19 G6
Ban Sathan 12 B5	Ban Sop Lap Nua 14 B3	Ban Tek 21 E2	Ban Thongmang 17 E3
Ban Satheum 20 D5	Ban Sop Long 14 D1	Ban Ten Salavay (Ca) 23 H5	Ban Thong Om 12 D1
Ban Satheu Nyai 21 F6	Ban Sop Luang 12 B5	Ban Teo 23 F1	Ban Thongpa Mai 11 E3
Ban Satung 21 F4	Ban Sopmon 14 C1	Ban Tha (Att) 23 F2	Ban Thongset 21 E6
Ban Sau Noy 21 E3	Ban Sopnao 11 F6	Ban Tha (Cha) 22 C1	Ban Thuat 20 B2
Ban Savang 20 A2	Ban Sopngom 18 B2	Ban Tha (Kha) 18 C3	Ban Thuay 21 E5
Ban Say 10 B5	Ban Sop O 14 B4	Ban Tha (Sav) 20 C1	Ban Thum 14 B5
Ban Sen (Bok) 12 B2	Ban Sopphuak 13 G3	Ban Tha (XK) 14 B4	Ban Tin Nyalong 20 C2
Ban Sen (Sav) 21 E2	Ban Soppon 18 C3	Ban Tha Boei 22 D4	Ban Tlangsale 21 E3
Ban Sengket 14 C4	Ban Sopsaluang 20 D1	Ban Thabu 13 F2	Ban Tok 21 G5
Ban Seng Kham Thong (Ca) 23 H3	Ban Sopsan 14 C1	Ban Thadua (Kha) 18 C6	Ban Tomo Nai 22 D2
Ban Sen Han (Ca) 23 G4	Ban Sopsang 18 C2	Ban Thadua (VP) 17 E4	Ban Ton 14 D3
Ban Sen In 11 E5	Ban Sopten 14 C4	Ban Thadua Nyai 20 B4	Ban Tong 12 C4
Ban Senkam 11 E6	Ban Soptiu 13 G3	Ban Thahat 18 D6	Ban Tongban 12 D1
Ban Senkang Kao 11 E5	Ban Soptong 18 D3	Ban Thahe 18 C6	Ban Tongkeng 13 E2
Ban Senkham 13 E6	Ban Sopvan 14 C4	Ban Thahua 17 E1	Ban Tongkualin 10 D3
Ban Senkhan Tai 13 F2	Ban Sopvek 14 C1	Ban Thai 14 B1	Ban Tongli 18 D2
Ban Senkoang 11 E6	Ban Sopxay 14 D1	Ban Thakanat 21 G6	Ban Tongpot 12 B2
Ban Senkuan 10 D6	Ban Sopxe 19 E6	Ban Thakham 20 A1	Ban Tongtu Noy 13 F2
Ban Senkun 13 G4	Ban Sopxoy 11 E6	Ban Thakhanxomxua 20 C4	Ban Tongxua 18 C2
Ban Senluang 11 F6	Ban Sopxu 10 D4	Ban Thakho 22 D4	Ban Tonkham 21 E3
Ban Senngeun Kao 11 F6	Ban Soy (HP) 15 E3	Ban Thakhoay 14 D4	Ban Ton Nyai 21 F4
Ban Sen Nua 13 F2	Ban Soy (Kha) 19 F5	Ban Thakokkhen 17 H2	Ban Tontan 16 B5
Ban Senphan 19 F5	Ban Suanmon 16 D2	Ban Tha Lao (Ca) 23 G4	Ban Tuam 14 D3
Ban Senta 11 F5	Ban Suayngam 10 D2	Ban Thalat 17 E2	Ban Tumli Khao 21 F3
Ban Sentu 11 E5	Ban Suvanna Khili 20 D5	Ban Tham (HP) 14 C4	Ban Tumli Thong 21 F3
Ban Senvang Nyai 21 E5	Ban Suvannaphun 16 B2	Ban Tham (Sai) 12 B5	Ban Tum Nyai 22 D2
Ban Senxai 13 E1	Ban Ta Fa 12 C3	Ban Tham (Udo) 13 E3	Ban Tungyun Neua 21 F4
Ban Senxum 17 E2	Ban Tahit 21 G4	Ban Thamdin 17 F2	Ban Tup Nua 12 C3
Ban Sethamuak 20 D2	Ban Tai (T) 18 B5	Ban Thami 18 C5	Ban Uang 11 E3
Ban Siaochai 11 E4	Ban Takhak 12 C3	Ban Thamixay 16 B3	Ban Udom (Pho) 11 E4
Ban Siat 14 A2	Ban Takhao 11 F5	Ban Thamkuna 18 C2	Ban Udom (XK) 13 G5
Ban Sikeut 17 E3	Ban Takhun 12 C4	Ban Thamlung 13 F5	Ban Uk 23 F2
Ban Sikhai 18 D6	Ban Tako 12 D2	Ban Tham Mai 14 C6	Ban Ula 10 A6
Ban Sikokxai 12 B5	Ban Takochiang 10 D3	Ban Thampong 14 C5	Ban Un Mai 10 D6
Ban Simuangngam 12 A3	Ban Takuan 12 D3	Ban Thamsua 14 C5	Ban Upao Nua 10 D3
Ban Sinchai Nua 11 E4	Ban Tala (Sal) 21 F3	Ban Thamthao 14 C5	Ban Upaxa 22 D3
Ban Sing 11 E4	Ban Tala (Sek) 21 G4	Ban Thamun 13 E2	Ban Uthum Mai 22 D2
Ban Sinxai (Bol) 17 H3	Ban Talangthang 11 E4	Ban Thana 18 B4	Ban Uylang 10 A6
Ban Sinxai (Pho) 11 E6	Ban Taleo 21 E4	Ban Thanang 16 B5	Ban Vak Nua 21 G4
Ban Siphati 10 D3	Ban Taleo Nua 20 B3	Ban Thang 14 A5	Ban Van 12 D3
Ban Siphom 12 B5	Ban Talong (Kha) 19 F5	Ban Thangbeng 20 C4	Ban Vangdao 18 C3
Ban Sithan Tai 17 E4	Ban Talong (Sek) 21 G4	Ban Tha Ngon 17 E3	Ban Vanghai 21 E1
Ban Sitong 12 C4	Ban Talong Nua 12 D2	Ban Thanun 12 D4	Ban Vanghin (Bol) 18 B2
Ban Sok 21 G6	Ban Taluay 21 E1	Ban Thaoduang 10 D6	Ban Vanghin (Kha) 18 D4
Ban Sokthang 19 E6	Ban Talung 21 F4	Ban Thaothiam 18 C2	Ban Vanghin (Sai) 13 E5
Ban Solo Nyai 20 D6	Ban Talung Nyai 21 F3	Ban Thapha 17 F4	Ban Vanghua 13 H3
Ban Som 13 F4	Ban Talup 12 C2	Ban Thaphaiban 19 E4	Ban Vangkham 16 B3
Ban Sombut 11 E5	Ban Tamklok 13 E1	Ban Thaphe 14 D4	Ban Vang Khi 17 E1
Ban Somchek 13 G3	Ban Tamla Tai 14 B4	Ban Thapho 20 A3	Ban Vangkhom 19 F5
Ban Somhong 14 C4	Ban Tamluang Nyai 21 E2	Ban Thaphut 20 C3	Ban Vangli 21 E3
Ban Sompoy (Att) 23 E2	Ban Tampoy 21 F3	Ban Thap Nua 18 D6	Ban Vanglom 13 G4
Ban Sompoy (Att) 23 F2	Ban Tamxoy 14 C6	Ban Thasano Nyai 20 A2	Ban Vangmai 11 F6
Ban Sompoy (Pho) 11 F5	Ban Tan 14 B5	Ban That (Kha) 18 D5	Ban Vangmat 13 H3
Ban Somsanuk 17 E1	Ban Tanang 21 G4	Ban That (Vien) 17 E2	Ban Vangmon 17 E2
Ban Somsanuk Mai 20 D6	Ban Tang (Pho) 10 D4	Ban Thatao 15 F4	Ban Vangngua 21 E5
Ban Somsavan 12 D6	Ban Tang (Sek) 21 G4	Ban Thaveng 18 D3	Ban Vangpa 16 B4
Ban Somxai 12 D3	Ban Tang (V) 23 H1	Ban Thaviang 14 B6	Ban Vangpan 13 H2
Ban Songhak 14 A4	Ban Tangdu 13 E2	Ban Thaxiangle 17 F3	Ban Vang Pang 13 F5
Ban Songhong (Sav) 20 B1	Ban Tanghai 10 D3	Ban Thaxoang 12 D4	Ban Vangpen 12 C2
Ban Songhong (SSZ) 14 B6	Ban Tangkhiang 13 G2	Ban Thenchong 14 B4	Ban Vangphe 18 B1
Ban Songhong Nyai 20 D5	Ban Tangkok 13 E2	Ban Thensan 13 C1	Ban Vangsang 13 H2
Ban Songkhon (Bol) 18 B2	Ban Tanglu 21 G5	Ban Theun 14 B5	Ban Vangsim 13 H4
Ban Songkhon (Bol) 18 C2	Ban Tang Ong 13 E4	Ban Thiao 13 F2	Ban Vangveun Nyai 20 D5
Ban Songkhon (Cha) 22 C1	Ban Tang Un Tai 21 F4	Ban Thin (HP) 15 E4	Ban Vangxung 20 C2
Ban Songkhon (Sek) 21 F5	Ban Tangvaynam 20 C3	Ban Thin (Udo) 13 E3	Ban Vantang 12 D3
Ban Songmua 13 H2	Ban Tangya 12 D3	Ban Thin (Udo) 13 F1	Ban Veun 19 E6
Ban Sonkhua 13 F2	Ban Tanlo 13 G1	Ban Thin Hong 13 F4	Ban Veun Nua 18 D6
Ban Sopchat 19 E2	Ban Thinnon (2) 20 B3	Ban Thoay Nyai 17 G3	Ban Veupo 12 A2
Ban Sopchun 13 G4	Ban Tanpiao 17 E3	Ban Thong 12 C4	Ban Viangchaleun 13 G5
Ban Sop Hao 14 D2	Ban Tao 15 E4	Ban Thonghak 18 B3	Ban Viangkham (Vien) 17 E2
Ban Sopka 14 B2	Ban Taong 23 E2	Ban Thongkatua 21 E4	Ban Viangkham (XK) 14 B4
Ban Sopkai 11 E6	Ban Taopua (Ban Hang) 16 C1	Ban Thongkhang 13 E5	Ban Viangsavan 17 E2
Ban Sopkhao 14 A4	Ban Tapung 21 F4	Ban Thongkim 20 D6	Ban Viangxai (Sai) 16 B1
Ban Sopkhom 20 D1	Ban Taseun 22 B3	Ban Thongkoang 20 C6	Ban Viangxai (Udo) 13 G1
Ban Sopkok 13 H2	Ban Tat Hai 20 D3	Ban Thonglaviang 20 D3	Ban Vieng 18 D5
Ban Sopkong 13 G2	Ban Tavang Nua 21 H4		

Ban Vin Tal 22 C3
Ban Xa Ang 21 G5
Ban Xakhe 23 G1
Ban Xakhun Nua 20 B2
Ban Xam Nadi 16 C3
Ban Xam Nua 19 F5
Ban Xamtai 15 E4
Ban Xang 13 G2
Ban Xapon 21 E5
Ban Xat 13 F4
Ban Xay 10 A6
Ban Xayden 23 H2
Ban Xebanghiang Thong 20 B3
Ban Xekatam 21 F6
Ban Xenuan 20 C4
Ban Xi 21 G4
Ban Xiang 12 A2
Ban Xiangda 13 F2
Ban Xiangdao (Bok) 12 B2
Ban Xiangdao (Kha) 19 E5
Ban Xiangdi 15 E4
Ban Xiangkhai 18 D6
Ban Xiangkheng (Bok) 12 B2
Ban Xiangkheng (LNT) 10 A6
Ban Xiangkheng (LNT) 10 B6
Ban Xiangkhong 14 B6
Ban Xiangkiao 14 B4
Ban Xiangle 18 D6
Ban Xiangme 14 C6
Ban Xiangmen 14 D3
Ban Xiangnga 13 H5
Ban Xiang Noy 12 C5
Ban Xiangseo 10 D2
Ban Xiansen 13 H2
Ban Xieng Kok 12 B1
Ban Xok (Kha) 19 E5
Ban Xok (Sav) 20 A2
Ban Xom 13 F4
Ban Xon 17 F1
Ban Xong 18 D4
Ban Xongta 10 C6
Ban Xong Tai 13 E4
Ban Xop Nam (V) 14 D6
Ban Xop Tai 14 B2
Ban Xot (Bol) 18 A3
Ban Xot (Cha) 22 D4
Ban Xot (LNT) 12 C2
Ban Xulin 10 D4
Ban Yang 13 E4
Ban Yangtat Kang 21 G6
Ban Yao 13 F2
Ban Yaofang 11 E4
Ban Yatdong 21 G6
Ban Yet 21 G6
Ban Yeun Nua 22 D3
Ban Yuan Nua 10 B5
Ban Yun Nua 21 G6
Bao Kham (T) 20 A5
Ba Thuoch (V) 15 F3
Baw Noi 14 B4
Baw Yai 14 B4
Ben Thuy (V) 19 F2
Beung Kan (T) 17 H3
Bim Son (V) 15 H3
Binh Luc (V) 15 H2
Black River (C) 10 D1
Black River (V) 11 H3
Boh Bia (T) 16 B3
Bok (T) 20 B4
Bo Kham (Ca) 23 H4
Bo Klut (C) 12 D6
Bolaven Plateau 21 E6
Bolikham 17 H2
Bong (Ca) 22 C6
Bo Phak (T) 16 A5
Boten 10 D6
Bo Trach (V) 19 H5
Bo Yuak (T) 12 D6

Bua La Pha 19 F6
Bung Khiaw (T) 20 A4
Buntharik (T) 22 B2

Ca Lang (V) 11 E2
Ca Lu (V) 21 F2
Cam Lo (V) 21 G1
Cam Thuy (V) 15 G3
Cam Xuyen (V) 19 F3
Can Loc (V) 19 F2]
Canh Duang (V) 19 H4
Cao Chai (V) 11 G2
Cao Veou (V) 18 D1
Cape Bang (V) 15 H5
Cape Falaise (V) 15 H6
Cape Lay (V) 21 G1
Cape Mui Ron (V) 19 H3
Cape Mui Sot 19 F2
Ca Xeng (V) 19 F4
Chaiwan (T) 17 G6
Cha Lo (V) 19 F4
Champasak 22 D1
Champhon 20 B2
Cha Noi (V) 19 G5
Chanuman (T) 20 A3
Chau Giang (V) 15 H1
Cheom Khsant (Ca) 22 A3
Chep (Ca) 22 B5
Chheb Kandal (Ca) 22 C5
Chiang Kham (T) 12 A5
Chiang Khan (T) 12 A5
Chiang Khan (T) 16 C4
Chiang Khong (T) 12 B3
Chiang Klang (T) 12 C6
Chiang Saen (T) 12 A3
Chiang Su (T) 18 B6
Chomapa (C) 11 E1
Chomphet 13 F4
Chom Phu (T) 12 A4
Chong Mek (T) 20 C6
Chrach (Ca) 22 B5
Chuk (Ca) 22 A5
Chun (T) 12 A6
Chuor Veng (Ca) 22 B6
Chu Pah (V) 23 H4
Co Bi (V) 21 H2
Co Cu (V) 11 G5
Con Cuong (V) 15 E6
Cua Rao (V) 14 D5
Cuc Phuong National Park (V)
  15 G3

Da Bac (V) 15 F1
Dai Giang (V) 19 H6
Dajing (C) 10 B1
Dak Rouei (Ca) 23 H6
Dakrong River (V) 21 F2
Damenglong (C) 10 A5
Dang Kombet (Ca) 22 B6
Dan Sai (T) 16 B6
Dao Nghi Son (V) 15 H5
Deo Ngang (Ngang Pass) (V) 19 H4
Det Udom (T) 22 B1
Dien Bien Phu (V) 11 G5
Dien Chau (V) 15 G6
Doan Ket (V) 11 E3
Doi Lo 12 D6
Doi Tan (T) 20 A3
Do Khe (V) 19 F3
Dok Kham Tai (T) 12 A6
Do Luong (V) 19 E1
Don Chik (T) 20 B6
Don Det 22 D4
Don Dupong (T) 16 A1
Dong Ampham NBCA 23 H1
Dong Bang (T) 17 H4
Dong Bang (T) 18 A4
Dong Ha (V) 21 G1

Dong Hoi (V) 19 H5
Dong Khua (V) 14 D1
Dong Mu (T) 17 E5
Dong Pung (T) 20 A6
Dong Rai (T) 17 F5
Dong Sithuan 20 C4
Dong Trau (V) 15 G4
Don Het 22 C3
Don Hinyai 22 C3
Don Khamao 22 C4
Don Khon 22 D4
Don Khong 22 D3
Don Koi 22 C3
Don Long 22 C4
Don Loppadi 22 D4
Don Muang (T) 20 B5
Don Phuman 22 D4
Don Sadam 22 D4
Don Sai 22 D2
Don San 22 D3
Don Som 22 D4
Don Tao 22 D4
Don Xang 22 D4
Dua (T) 17 H5
Duc Ca (V) 23 H5
Duc Tho (V) 19 E2
Duong Hoa (V) 21 H3
Duy Thien (V) 15 H2

Fak Tha (T) 16 A4
Fao Rai (T) 17 G3
Fengpo (C) 10 B2
Feuang 16 C1

Ganlanba (C) 10 A4
Giao San (V) 11 H1
Gia Vien (V) 15 H2
Gulf of Tonkin (V) 15 H5, 19 H2

Ha Dong (V) 15 H1
Hai Lang (V) 21 G2
Ha Nam (V) 15 H2
Hang Thung (T) 12 B6
Ha Tinh (V) 19 F3
Ha Trung (V) 15 H3
Hau Loc (V) 15 H4
Heuan Hin 20 A3
Hien (V) 21 H4
Hin Bun 18 C4
Hin Khao (T) 17 E4
Hin Namnu NBCA 19 F4
Hoa Binh (V) 15 F1
Hoa Lu (V) 15 H2
Hoang Hua (V) 15 H4
Hoang Xa (V) 15 H4
Ho Bay (V) 11 G4
Hoi Bay (V) 19 F1
Hoi Xuan (V) 15 F2
Hong Sa 12 D5
Hon Mat (V) 19 F1
Hon Me (v) 15 H5
Hon Ne Island (V) 15 H4
Hsiachai (C) 10 A4
Hsiman (C) 10 D4
Hua Chang (V) 17 H3
Huak (T) 12 B5
Hua Muang 14 C3
Huangcaoba (C) 10 B2
Huay Bangtiang 20 D6
Huay Champi (T) 20 D6
Huay Deua (T) 16 A5
Huay Hiam 16 D3
Huay Hin Lat (T) 16 D6
Huay Kadan 22 C3
Huay Kadian 22 C3
Huay Kaliang 22 D4
Huay Khala 22 C1
Huay Khamuan 22 C1

Huay Khok (T) 12 B6
Huay Khon (T) 12 C5
Huay Laok 22 C3
Huay Luang Dam (T) 17 E5
Huay Lumphu 23 G2
Huay Namphak 20 D6
Huay Noi Ka (T) 16 A3
Huay Pala 20 D6
Huay Phak 22 C3
Huay Pheng 22 C2
Huay Phim 20 D3
Huay Saeng (T) 17 H5
Huay Sing (T) 12 A6
Huay Son (T) 16 A2
Huay Tay Un 21 F6
Huay Tin Tang (T) 16 A6
Huay Topung 20 D5
Huay Xai 12 B3
Huay Xepong 20 D3
Huay Yang (T) 20 B4
Hue (V) 21 H2
Huey Pai (T) 20 B5
Huichieh (C) 10 C5
Huiooyen (C) 10 C6
Hung Nguyen (V) 19 E2
Hung Son (V) 19 H4
Hung Yen (V) 15 H1
Huoi Long (V) 11 G4
Huong Dien (V) 21 H2
Huong Hoa (V) 21 F2
Huong Khe (V) 19 F3
Huong Phu (V) 21 H2
Huong Son (V) 19 E2

Ing River (T) 12 A5

Jiangcheng Hanizu Yizu Zizhixian
  (C) 10 D2
Jiangxi (C) 11 E1
Jinghong (C) 10 A4
Jinping (C) 11 G1

Kaeng Dom (T) 20 B6
Kaeng Tana (T) 20 C5
Kaen Nua (T) 12 A4
Kaen Thao (Kenthao) 16 B4
Kaleum 21 G4
Kapen (C) 10 B4
Kasi 13 F6
Ka Toi (V) 19 G6
Ke Dinh (V) 15 F5
Keng Kamheup 20 C6
Keng Khu 18 D4
Keo Nua Pass (V) 18 D2
Ke Son (V) 15 G1
Ke Thang (V) 15 F6
Kham Bak (T) 22 B2
Kham Bon (T) 22 B2
Kham Duai (T) 20 A3
Khamkeut 18 D3
Kham Kha (T) 18 A6
Kham Kling (T) 17 F5
Kham Ko (T) 17 G6
Kham Phoem (T) 18 A6
Kham Phok (T) 18 C6
Kham River (T) 18 B6
Kham Ta Kla (T) 17 H4
Kham Tana (T) 17 G5
Khang Hung (T) 18 A6
Khao Paeng (T) 18 A5
Khao San (T) 17 E5
Khe Bo (V) 15 E6
Khemarat (T) 20 B4
Khe Sanh (V) 21 F2
Khok (T) 16 C4
Khok Kung (T) 17 E6
Khok Ngam (T) 16 B5
Khok Phak Wan (T) 17 F6

Khok Si Suphan (T) 18 B6
Khok Sung (T) 20 A2
Khok Thiam (T) 22 B2
Khok Yai (T) 16 B5
Khong Jiam (T) 20 C6
Khongsedon 20 D5
Khong Yung (T) 17 E5
Khon Phapheng Falls 22 D4
Khop 12 B4
Khwak Neua (T) 12 B4
Kim Bang (V) 15 H2
Kim Lien (V) 19 E2
Kim Thi (V) 15 H1
Klang (T) 16 D4
Klang (T) 22 B1
Klang Yai (T) 17 E4
Kok Du (T) 16 C5
Kok Krathon (T) 16 B6
Kok So (T) 16 C6
Kompong Kama (Ca) 23 E6
Kuang Si Falls 13 F5
Kumphawapi (T) 17 F6
Kusuman (T) 18 B6
Kut Bak (T) 17 H6
Kut Chap (T) 17 E5
Kut Khao Pun (T) 20 A4
Ky Anh (V) 19 G3
Ky Son (V) 14 C5
Ky Son (V) 15 G1

Lac Thuy (V) 15 H2
Lai Chau (V) 11 G3
Lakhon Pheng 20 B4
Lak Lai (T) 16 A1
Lam Dom Yai (T) 22 B1
Lang Chanh (V) 15 F3
Lang Mo (V) 19 H6
Lang Se (V) 15 G6
Lao (T) 16 C5
Lao Bao (Border Crossing) (V) 21 F2
Lao Kohok (T) 16 A5
Lao Nai (T) 18 B4
Lao Ngam 21 E5
Lao Yai (T) 17 H3
La San (C) 11 E2
Lat Makok (T) 16 B6
La Van (V) 19 E1
Le Ninh (V) 19 H5
Liushun (C) 10 A2
Loei (T) 16 C5
Loei Wang Sai (T) 16 B6
Lomphat (Ca) 23 G5
Long (V) 11 H1
Long Mac (V) 18 D1
Long Mo (V) 15 G5
Loshuitung (C) 10 A3
Lo So Chiang (C) 10 B4-C2
Luang Nam Tha 12 D1
Luang Prabang 13 F4
Lung (T) 12 B3
Lung Lang Mountains (C) 10 A5
Luosa (C) 11 E1
Lu Zhun (C) 11 E1
Ly Nhan (V) 15 H2

Macheng (C) 10 A4
Mae Charim (T) 16 A2
Mae Liap (T) 12 A4
Mae Sanan (T) 16 A1
Mae Tam Luang (T) 12 A4
Mahaxai 18 D5
Mahaxai Caves 18 D5
Mai Chau (V) 15 F2
Ma Li Chai (V) 11 H1
Manchuong (C) 10 D5
Manfeilong (C) 10 A5
Manhsienlung (C) 10 C5

Manhsiu (C) 10 C5
Manka (C) 10 B5
Manlun (C) 10 C5
Manmaochieh (C) 10 B3
Manmeiba (C) 10 B2
Manpeng (C) 10 A4
Manpieh (C) 10 C2
Manpien (C) 10 B4
Mansa (C) 10 C3
Mantachiu (C) 10 C4
Manya (C) 10 B3
Mee Chai (T) 17 G5
Mekong River (C) 10 A3, B4
Mekong River (M) 12 A2
Mekong River 12 D4, 16 C2, 16 D3, 17 H3, 18 B4, 20 A3. 20 B4
Mengban (C) 10 C3
Mengkan (C) 10 B4
Mengkung (C) 10 C5
Mengla (C) 10 C5
Meng La (C) 11 G1
Meng La Nan Mountains (C) 10 C6
Menglung (C) 10 A5
Meng Mong (C) 10 C6
Mengpan (C) 10 D4
Mengpeng (C) 10 C5
Mengwang (C) 10 C2
Mengxing (C) 10 C4
Mengyang (C) 10 B4
Mereuch (Ca) 23 G6
Meuang Samsip (T) 20 A5
Meung 12 B2
Minh Hoa (V) 19 G4
Mirong (C) 11 F1
Moc Chau (V) 15 E1
Mohsiehching (C) 10 D6
Mok Mai 14 B5
Momao (C) 11 F1
Mong Hsaw (M) 10 B5
Mongngam (M) 12 A1
Mongpaliao (M) 12 B1
Mong Un (M) 10 B5
Motaching (C) 10 D6
Muang Attapeu (Samakkhi Xai) 23 F1
Muang Beng 13 E3
Muang Boten 16 B5
Muang Chan (T) 16 A2
Muang Dak Cheung 21 G5
Muang Hom 17 F2
Muang Houn 12 D3
Muang Kaew Udom 17 E2
Muang Kham 14 B4
Muang Khao (T) 20 A3
Muang Khong 22 D4
Muang Khua 11 F6
Muang Khun (Xieng Khuang) 14 B5
Muang La 13 F1
Muang Loei (T) 16 C5
Muang Long 12 C1
Muang Longsan 17 F2
Muang Ly (V) 15 F3
Muang Mai 11 F6
Muang Nga 13 E3
Muang Ngoi 13 G2
Muang Peu (V) 14 B1
Muang Phin 20 D2
Muang Saen 22 C4
Muang Sing 10 B6
Muang Tha Deua 13 E5
Muang Xai 13 F2
Mu Ca (V) 11 E2
Mu Gia Pass (V) 19 F5
Mukdahan (T) 18 A4
Munlapamok 22 D3
Mun River (T) 20 B6
Muong Ang 11 H4
Muong Ee (V) 11 H5

Muong Hinh (V) 15 F4
Muong Lan (V) 15 E5
Muong Lay (V) 11 G3
Muong Mo (V) 11 G2
Muong Muon (V) 11 G4
Muong Nhe (V) 11 E3
Muong Te (V) 11 G2
Muong Tong (V) 11 F3
My Duc (V) 15 H1

Nabo Noy 13 F2
Na Bun (T) 20 A3
Na Cha Luai (T) 22 B2
Na Chan (T) 16 C4
Na Co (V) 11 G6
Na Dan (T) 17 E5
Na Di (T) 16 B5
Na Dok Mai (T) 16 D6
Na Duang (T) 16 D5
Na Haew (T) 16 A5
Na Hai (T) 20 A5
Na Ham (V) 15 E2
Nain Kong 23 F2
Na Kae (T) 16 D5
Nakai 18 D4
Nakai-Nam Theun NBCA 19 E3
Na Khae (T) 16 D4
Na Khae (T) 20 B6
Na Kham (T) 17 G5
Na Kham Soi (T) 20 A3
Na Khoa (V) 11 F3
Na Khoang (V) 11 G6
Nakhon Phanom (T) 18 C5
Nakhon Thai (T) 16 A6
Na Klang (T) 16 D5
Na Koi (T) 18 A5
Na La (V) 11 H5
Na Lae 12 D3
Na Maen (T) 12 D5
Nam Ba Bo (T) 20 A5
Nam Bak 13 F2
Nam Bak 13 G2
Nam Bak 17 F2
Nam Ban 11 F6
Nam Beng 12 D3
Nam Bun 10 D4
Nam Cay (V) 11 G3
Nam Chat (XK) 13 H5
Nam Chat (Bol) 18 D2
Nam Chian 14 B6
Nam Chuan 18 B1
Nam Dan (V) 19 E1
Nam Don 18 C5
Nam Emun 21 G5
Nam Et 14 C1
Nam Et NBCA 14 B2
Nam Fuang 13 E6
Nam Ha 12 D1
Nam Ha NBCA 12 D1
Nam Heung 18 C2
Nam Hong 18 A1
Nam Hoy 16 B4
Nam Huang 16 B5
Nam Hun 11 F5
Nam Hung 18 E6
Nam Ka 14 C4
Nam Kading 18 C3
Nam Kading NBCA 18 B2
Nam Kan 12 C2
Nam Keung 12 A2
Nam Kha 12 B2
Nam Khaem (T) 16 C4
Nam Khan 13 G4
Nam Khang 11 E3
Nam Khao (V) 11 F2
Nam Khao 14 A4
Nam Khian 14 C5
Nam Khun (T) 22 A2

Nam Kok 19 G6
Nam Kok 20 D1
Nam Lao (T) 16 A6
Nam Lao 12 D3
Nam Leng 11 E5
Nam Lieon (Ca) 23 H6
Nam Lik 13 F6
Nam Lik 17 E2
Nam Long 11 E4
Nam Luang (T) 17 G5
Nam Luang 14 D3-4, 15 E3
Nam Ma (V) 11 H3
Nam Ma (V) 11 H5
Nam Ma (V) 11 H6
Nam Ma 10 B6
Nam Mal 13 H1
Nam Mang 17 G2
Nam Mat 14 C4
Nam Met 12 D5
Nam Met 13 E5
Nam Meuk 11 G5
Nam Mi 16 C3
Nam Ming 13 F5
Nam Mo (V) 14 D5
Nam Mo 14 C6
Nam Mon 19 E4
Nam Mong (T) 12 B6
Nam Mouk (V) 11 G4
Nam Muan 18 B2
Nam Muap (T) 16 A2
Nam Na (V) 11 G2
Nam Nen 11 F4
Nam Neua Falls 14 D2
Nam Neun 14 C4
Nam Nga 13 E3
Nam Ngam 12 B3
Nam Ngao 12 C2
Nam Ngay 10 D4
Nam Ngum 12 C4, 13 H5
Nam Ngum 14 A4
Nam Ngum 17 F2-3
Nam Nhie (V) 11 F3
Nam Nhuong 18 C3
Nam Niam 15 E3
Nam Noen 14 B4
Nam Nong 18 C2
Nam Noua (V) 11 G5
Nam Noy 19 E4
Nam Nua 11 F5
Nam Nyiap 14 B5, 17 H1
Na Mo (Na Maw) 13 E1
Nam On 19 E-F5
Nam Ou 10 D3, 11 E3-F6, 13 G3
Nam Pa 13 G4
Nam Pakhang 19 E6
Nam Pang 18 A2
Nam Peun 14 C3
Nam Pha 12 B2
Nam Phak 11 E6
Nam Phan 14 B5
Nam Phanang 19 F6
Nam Phao 18 D3
Nam Phoum NBCA 16 B2
Nam Phun 16 B2
Nam Poay O 21 G5
Nam Pu (T) 16 A2
Nam Puk (T) 12 B6
Nam Pun (T) 16 B2
Nam Puy 16 C1
Nam Sam 14 D3, 15 E4
Nam Sam NBCA 15 E4
Nam Sang 16 D2
Nam Sang 18 B1
Nam Se 12 D2
Nam Seng (T) 12 C5
Nam Som (T) 16 D4
Nam Sun 18 A2
Nam Taeng (T) 17 G5

Nam Ten 13 H4
Nam Tha 10 C6
Nam Tha 12 B-D3
Nam Thaeng (T) 20 C5
Nam Thahao 20 A1
Nam Theun 18 C3, 19 E4
Nam Thon 16 D3
Nam Ting 13 G5
Nam Tok Katamok 23 F1
Nam Tok Tat Khu Khana 17 E3
Nam Tok Tat Nam Suang 17 E3
Nam Ula 19 E5
Nam Un Dam (T) 17 H6
Nam Xan 14 B5-6
Nam Xang 18 B1
Nam Xeng 13 H2
Nam Xot 18 D4
Nam Xuang 13 G3
Nam Yang 19 E4
Nam Yao (T) 16 A1
Nam Yen (T) 16 A6
Nam Yeun (T) 22 A2
Nam Yuan 10 B6
Nan (T) 16 A2
Nan 13 E5
Na Nai (T) 18 C5
Nan Bo Baeng (T) 20 A5
Nande (C) 10 B1
Na Neua (T) 18 C6
Nan Hung 12 D6
Nanmangchai (C) 10 C6
Na Noi (T) 16 A3
Nan River (T) 12 D5
Nan River (T) 16 A2-3
Nan Xan 17 H2
Na Pha (T) 17 E4
Na Phang Mai (T) 18 B6
Na Phiman (T) 22 B1
Na Phra Chai (T) 18 B4
Na Piang (T) 17 G3
Na Po Klang (T) 20 C5
Na Rai (T) 16 D4
Na Sai (T) 17 H3
Na Sawan (T) 17 H3
Na Thao (T) 17 E4
Na Udomxai 16 C3
Na Wa (T) 18 B5
Na Wa (T) 20 A4
Na Waeng (T) 20 B4
Naxaithong 17 E3
Na Yaeh (T) 20 B6
Nga Ba Tha (V) 15 G1
Nga Ba Vat (V) 19 F2
Ngan Pho (V) 19 E2
Ngan Sau (V) 19 F3
Ngeun 12 C5
Nghia Dan (V) 15 G5
Nghi Loc (V) 19 E1
Nghi Son Islands (V) 15 H5
Nghi Xuan (V) 19 F2
Ngoc My (V) 19 F2
Ngop Nua (V) 12 C5
Nguon Nan (V) 19 G4
Nguon Nay (V) 19 G4
Nho Quan (V) 15 H2
Nhu Ca (V) 11 F1
Nhu Xuan (V) 15 G4
Nikhom 19 E4
Nikhom Nam Un (T) 17 H6
Ningchiang (C) 10 A3
Ninh Binh (V) 15 H3
None Sawan (T) 17 H3
Nong 21 E3
Nong Bo (T) 18 A3
Nong Bok 18 C6
Nong Bua (T) 16 C6
Nong Bua Daeng (T) 18 A4
Nong Bua Lamphu (T) 17 E6

Nong Chang Yai (T) 20 A5
Nong Cong (V) 15 G4
Nong Din Daeng (T) 18 C6
Nong Fatomkleen 21 H6
Nong Haet 14 C5
Nong Hai (T) 17 F6
Nong Hai Noi (T) 20 A4
Nong Han (T) 17 G5
Nong Han Kumphawapi (T) 17 G6
Nong Han Reservoir (T) 18 B6
Nong Hin (T) 16 C6
Nong Hing (T) 17 H4
Nong Hom (T) 22 A2
Nong Ka (T) 17 G4
Nong Kan (T) 16 C6
Nong Khai (T) 17 F4
Nong Khon (T) 22 B3
Nong Mek (T) 17 G5
Nong Pan Ta (T) 17 G3
Nong Pet 14 B5
Nong Phu (T) 20 A4
Nong Riang (T) 22 B1
Nong Saeng (T) 20 A5
Nong Saeng (T) 22 C2
Nong Sala (T) 17 E6
Nong Song Hong (T) 17 F4
Nong Wua So (T) 17 E6
Nong Ya Sai (T) 18 C6
Non Khun (T) 22 A1
Non Muang (T) 16 D6
Non Muang (T) 17 G6
Non Sa At (T) 17 F6
Non Saeng (T) 17 F6
Non Sawang (T) 22 B1
Non Sung (T) 17 F6
Non Sung (T) 22 B3
Norong (Ca) 22 C4
Nyommalat 18 D5

Pa Daet (T) 12 A5
Pa Fang (T) 12 A6
Paha (C) 11 F1
Pa Ham 11 H4
Pakana (C) 10 C6
Pakbeng 12 C4
Pak Chom (T) 16 C3
Pak Huay (T) 16 B4
Pak Kading 18 A3
Pak Khat (T) 17 G3
Pak Lai 16 B3
Pak Mak (T) 16 C5
Pak Man (T) 16 B5
Pak Ou 13 F4
Pak Ou Caves 13 F4
Pakse 20 D6
Paksong 21 E6
Pak Tha 12 B4
Pakxan 17 H2
Pak Xeng 13 H3
Palunghan (C) 10 C6
Pa Nam Cum (V) 11 G1
Panayin (C) 10 C6
Pang An (M) 12 A2
Pang Hai (T) 16 B3
Pang Noi (T) 16 A2
Pang Paw Tai (T) 12 B4
Pantan (C) 10 C1
Pa Pien Chiang (C) 10 C1
Pa Tan (V) 11 G2
Pathet Lao Caves 14 D2
Pa Thong (V) 11 H6
Pathumphon 22 D2
Pa Tong (T) 12 C6
Payamneng Rai (T) 12 A4
Perfume River (V) 21 H3
Peuk (Ca) 22 B5
Pha Khao (T) 16 D6
Pha Khwang (T) 16 A1

Phak Kham Phu (T) 18 A6
Pha Luong (V) 15 E1
Pha Ly (V) 15 E1
Phana (T) 20 A5
Phang Khon (T) 17 H5
Phanna Nikhom (T) 17 H5
Phat Diem (V) 15 H3
Pha Thang (T) 12 B6
Pha Udom 12 C3
Pha Xai 14 A5
Phen (T) 17 F4
Phhom Tabeng (Ca) 22 A5
Phia (T) 16 C5
Phiang 12 D6
Phibun Mangsahan (T) 20 B6
Pho Len (V) 15 H3
Phon (T) 16 C4
Phon Charoen (T) 17 H4
Phongsali 11 E5
Phong Tho (V) 11 H2
Phonhorng 17 E2
Phon Phisai (T) 17 G4
Phonsavan 14 A5
Phonthong 20 C6
Phonxai 13 H3
Pho Sai (T) 20 B4
Phou Khok Yai (T) 22 B3
Phuay Deng (T) 16 D6
Phu Bia 17 G1
Phu Bo 15 E3
Phu Cho 22 C1
Phu Chomchan 13 H1
Phuc Sun (V) 19 H3
Phu Den Din NBCA 11 E4
Phu Den Dinh (V) 11 F3
Phu Hangho 11 E4
Phu Ho 17 G2
Phu Kaew (V) 16 C4
Phu Katae 21 E5
Phu Khao Khuai NBCA 17 F2
Phu Khun 13 G5
Phu Ko 19 E4
Phu Kokdon 23 G2
Phu Kut 13 H5
Phu Laak 19 G6
Phu Lai Lang (V) 14 D6
Phu Laoko 19 E3
Phu Lek 21 G3
Phu Lep 18 A1
Phu Leuy 14 C3
Phu Loei NBCA 14 A3
Phu Lokha 10 D6
Phu Luang (T) 16 B6
Phu Luang (T) 16 C6
Phu Luang 18 B3
Phu Mailai 22 D4
Phu Mali 20 D4
Phum Andong (Ca) 23 F3
Phum Bah Ke Toch (Ca) 23 F4
Phu Miang 13 G6
Phumi Chay (Ca) 23 H4
Phumi Chua Saleng (Ca) 22 D6
Phumi Kamang Chong (Ca) 23 G5
Phumi Kampong Sralau (Ca) 22 C4
Phumi Mlu Prey (Ca) 22 B4
Phumi O Pou (Ca) 22 A6
Phumi Pampong Trabek (Ca) 22 B6
Phumi Prek Preah (Ca) 23 E6
Phumi Pring (Ca) 22 A6
Phumi Roinal Dgu (Ca) 23 H2
Phumi Sakrean (Ca) 22 A6
Phumi Sam Ang (Ca) 22 C5
Phumi Siembauk (Ca) 22 D6
Phumi Sre Pong (Ca) 23 E6
Phumi Thalabarivat (Ca) 22 D5
Phumi Xop (Ca) 23 G4
Phum Koul (Ca) 23 F3
Phum Okau (Ca) 23 F3

Phum Rumpe Lech (Ca) 23 E5
Phum Sre Angkrong (Ca) 23 F5
Phu Muang Nga 14 C6
Phu Mun 17 H1
Phun 13 G6
Phu Nam Ke (V) 11 E3
Phu Nampa 14 B3
Phu Namphoi 18 A2
Phu Nampin 13 G6
Phuong Dien (V) 19 E3
Phuong Giai (V) 19 G3
Phu Papai (T) 16 D6
Phu Papak 22 D2
Phu Phadeng 12 A3
Phu Phalamphan 13 F6
Phu Pongkham 23 E1
Phu Quy (V) 19 H5
Phu Reua (T) 16 B5
Phu Salia 21 E1
Phu Samsum 14 C6
Phu Sang 17 F2
Phu Seng 13 F1
Phu Takuan 22 D2
Phu Vaysom Nyai 13 E4
Phu Viatyo 19 F4
Phu Vong 23 G2
Phu Xang He NBCA 20 C1
Phu Xao 14 B6
Phu Xieng Thong NBCA 20 C5
Phu Xuyen (V) 15 H1
Pingtalung (C) 10 C5
Plain of Jars 14 A5
Pla Pak (T) 18 C6
Plei Lao Tchin (V) 23 H5
Pok (Ca) 22 A4
Polok (Ca) 22 A6
Po Mak Kaeng (T) 18 A4
Pong (T) 12 A6
Pong (T) 16 C4
Pong Chi (T) 16 B6
Pong Noi (T) 12 A4
Po Sawang (T) 16 D5
Prahut (T) 22 A2
Preah Vihear (Ca) 22 A4
Pua (T) 12 C6
Puhuosai (C) 10 B5
Pu Kho Luong (V) 11 H1
Pulung (C) 10 C4
Puwen (C) 10 B3

Quang Dien (V) 21 H2
Quang Trach (V) 19 H4
Quang Tri (V) 21 G2
Quang Xuong (V) 15 H4
Quan Hoa (V) 15 F2
Que Phong (V) 15 F4
Quy Chau (V) 15 F5
Quy Hop (V) 15 F5
Quynh Luu (V) 15 G6
Quynh Nhai 11 H4

Rai (T) 16 A4
Rai Noi (T) 20 A6
Rai Tham (T) 16 C5
Rao Cua (V) 19 E2
Red River (V) 15 H1
Renu Nakhon (T) 18 C6
Romchek (Ca) 22 A6
Rom Klao (T) 16 A5
Rong Wai (T) 12 A4

Sai Mun (T) 17 G4
Sainyabuli 13 E6
Saisombun (Long Chen) 17 G1
Saka (T) 18 A4
Sakon Nakhon (T) 18 B6
Salavan 21 E5
Samet 12 D5

Sam Neua 14 C2
Samrong (T) 20 A6
Samrong (T) 20 B5
Sam Sao (V) 11 H6
Sam Son (V) 15 H4
Sam Tai 15 E3
Sam Yaek (T) 22 A2
Sanamxai 23 F2
Sanasombun 20 C6
Sang (T) 18 A4
Sangkhom (T) 16 D3
Sang Khom (T) 17 G4
San Sai (T) 12 A3
Santi Suk (T) 16 A1
San Tom (T) 16 B5
Sanxai 21 G6
Sao Lao (T) 22 A1
Savannakhet (Khanthabuli) 20 A2
Sawan Dan Din (T) 17 H5
Say Phou Sam Sao (V) 11 G6
Sayphu Ak 18 D4
Sayphu Ao 18 B3
Sayphu Damlek 22 C1-2
Sayphu Hu Ong 20 D4
Sayphu Khiaonin 22 D2-3
Sayphu Kiu 22 D4
Sayphu Loyang 18 C3
Sayphu Luang 19 E4
Sayphu Ngu 18 A2-B3
Sayphu Phanang 16 D2-3
Sayphu Phapet 18 B3
Sayphu Phapheung 10 D6
Sayphu Talabat 18 A2
Sayphu Xanghe 19 E-F6
Se Bangfai 18 D6
Se Bangfai 18 D6, 19 F5
Se Banghiang 20 C3, 21 E1
Se Bang Nuan 20 C4
Se Ban Nuan NBCA 20 D4
Se Champhon 20 B2
Se Don 20 D5
Se Giang (V) 19 H4
Se Kaman 21 H6
Se Kasok 20 C1
Se Khampho 23 E2
Sekong (Muang Lamam) 21 F5
Se Kong 21 G4
Se Kong 23 E2
Se Kunkam 20 C2
Se Lanong 21 E3
Se Lon 21 G4
Se Nam Noi 21 F6
Se Noy 18 D6, 19 F6
Se Pian 21 E6
Se Pian 23 E2
Se Pon 21 E2-G3
Se San (Ca) 23 E5
Se Tanuan 21 E3
Se Thamuak 20 D2
Se Xangxoy 20 C2
Se Xu 23 G2
Shalochai (C) 11 G2
Shangyung (C) 10 D6
Si Chiangmai (T) 17 E4
Siempang (Ca) 23 E4
Sila (T) 16 B6
Simao (C) 10 B1
Si Muang Mai (T) 20 B5
Sin Ho (V) 11 H2
Sirinthon Reservoir (T) 20 B6
Si Songkhram (T) 18 B5
Si That (T) 17 G6
Siwilai (T) 17 H3
Sn T Thonghai 14 A5
Somphamit Falls 22 D4
Song Bo (V) 21 H3
Song Boi (V) 15 G2
Song Ca (V) 15 E6

Song Cam Lo (V) 21 F1
Song Con (V) 15 F6
Song Cuu Ha (V) 21 G2
Song Da (V) 11 F2
Song Dao (T) 17 H6
Song Huoi (V) 15 G2
Song Huong (V) 15 E2
Songkhon 20 B3
Songkhram River (T) 17 H4
Song Khwae (T) 18 B6
Song Ma (V) 15 E2
Song Puai (T) 16 C4
Song Quang Tri (V) 21 G2
Song Ta Troch (V) 21 H3
Son Trach (V) 19 G5
Sop Cop (V) 14 B1
So Phisai (T) 17 H3
Sop Ruak (T) 12 A3
Sop Sim (V) 15 E2
Soui Rut (V) 15 F1
Spong (Ca) 22 C5
Sralau (Ca) 22 C5
Srea Prateal (Ca) 22 B5
Sre Krasang (Ca) 22 D6
Srepok (Ca) 23 F5
Sre Thom (Ca) 22 B6
Sri Koki (Ca) 22 D6
Stung Damrey (Ca) 22 C6
Stung Sen (Ca) 22 A4
Stung Treng (Ca) 22 D5
Sukhuma 22 D2
Sum Sao (T) 17 F5
Sung Ti Anh 11 H4
Sun Saluke (T) 12 A4
Suong Day (V) 15 H1
Suong Giang (V) 18 D1
Suong Hieu (V) 15 F5
Sup (T) 16 C5
Suwankuha (T) 17 E5

Ta At (T) 17 F6
Taat Lak Sip-Et 13 F2
Taat Se Noi 21 F6
Taat Wong Fong 18 F3
Tabeng Mean Chey (Ca) 22 A5
Tachai (C) 10 D5
Tae Mai (T) 20 A6
Tahoy (Ta Oi) 21 F4
Tah Ra (T) 18 B6
Tah Saang Khon (T) 17 H5
Ta Kai Ho (C) 10 B3
Talong Mai (Ca) 23 G5
Ta Luang (T) 12 A4
Tam Diep (V) 15 H3
Tam Sum (T) 20 B6
Tan De (V) 15 F1
Tang Ho (M) 12 A2
Tan Ky (V) 15 F6
Tan Lac (V) 15 F2
Ta Tho (V) 11 E2
Tat Kha (T) 16 D6
Tat Yong 12 D3
Taungli (C) 11 G1
Tay Trang (V) 11 F6
Tha Bo (T) 17 E4
Thach Ha (V) 19 F2
Thach Thanh (V) 15 G3
Thai Yen (V) 15 G5
Tha Khaek 18 C5
Tha Lae (T) 17 H5
Tha Lat (T) 20 A6
Tha Li (T) 16 B5
Tham Baat 17 E1
Tham Erawan (T) 16 D5
Tham Jang 17 E1
Tham Piu 14 B4
Thanh Chuong (V) 19 E1
Thanh Hoa (V) 15 H4

Thanh Lang (V) 19 F4
Thanh Liem (V) 15 H2
Thanh Tri (V) 15 H1
Thao Nguyen (V) 15 E1
Tha Pangthong 20 D4
Tha Phabat (Ban Thabok) 17 G2
Tha Teng 21 E5
Tha Thom 14 B6
That Ing Hang 20 A2
That Noi (T) 18 C6
Tha Uthen (T) 18 C5
Tha Vinh (V) 15 G6
Tha Wang Pha (T) 12 C6
The Kien (V) 14 D5
Thieu Yen (V) 15 G3
Thinh Duc (V) 15 G6
Thoeng (T) 12 A5
Thong Khop (T) 18 B6
Thong River (T) 17 F4
Thon Na Phloen (T) 17 G5
Tho Xuan (V) 15 G4
Thulakhom 17 E3
Thung Ah (T) 12 B3
Thung Chang (T) 12 C5
Thung Fon (T) 17 G5
Thung Kluay (T) 12 B5
Thuong Tin (V) 15 H1
Thuong Xuan (V) 15 F4
Tinh Gia (V) 15 H5
Tmat Baeuy (Ca) 22 A4
Tong Yai (T) 17 G5
Ton Pheung 12 A3
Trakan Pheutphon (T) 20 A5
Trapeang Kul (Ca) 22 B3
Trieu Son (V) 15 G4
Troc (V) 19 G5
Trung Lam (V) 19 E1
Truong Son Mountains (V) 18 D1-2, 23 H1-4
Tuan Giao 11 H4
Tumlan 21 E4
Tung Lung (T) 20 B6
Tungtsungpao (C) 10 D6
Tuong Duong (V) 14 D5
Tuong Van (V) 15 H4
Tuup Kohp (T) 16 C5
Tuyen Hoa (V) 19 G4
Tuy Loc (V) 19 F3

Ubon Ratchathani (T) 20 A6
Udon Thani (T) 17 F5
Um Muang 22 D2
Un River (T) 18 A5
U Tai (Nyot U) 10 D3
Uthomphon 20 B2

Vang Vieng 17 E1
Vapi 20 D5
Vieng Kham 13 G2
Vieng Phukha 12 C2
Vieng Thong (HP) 14 A4
Vieng Thong (Bol) 18 B2
Vieng Xai 14 D2
Vientiane 17 E4
Vilabuli 20 D1
Vinh (V) 19 F2
Vinh Loc (V) 15 G3
Virachey (Ca) 23 F4
Vit Thu Lu (V) 19 H6
Vong Lieu (V) 19 G3
Vu Ban (V) 15 G2

Wan Ahsamhwehok (M) 12 A2
Wan Ainu (M) 12 B1
Wan Aiyi (M) 12 A2
Wang Kon Huat (T) 16 B6
Wang Muann (T) 18 A5
Wang Saphung (T) 16 C5

Wang Ta Mua (T) 18 B6
Wang Yao (T) 16 B6
Wan Hpyahkanhseng (C) 10 A6
Wan Hsenlongpawsung (M) 12 B1
Wan Hsensumhkam (M) 12 A1
Wan Hsenupiao (M) 10 B5
Wan Hsrnwunhong (M) 10 B5
Wan Mawnhpalang (C) 10 A6
Wan Mong Haw (M) 12 A1
Wan Mong Taw (M) 10 A5
Wan Nayaw (M) 12 B1
Wanon Niwat (T) 17 H5
Wan Pa Tawng (M) 12 A3
Wan Rasalonghkamtep (M) 12 A1
Wan Rasranhkam (M) 10 B5
Wan Sapang (M) 12 A2
Wan Tahsum (M) 10 B5
Wan Tunglong (C) 10 A6
Wan Yai (T) 20 A2
Wap Sai (C) 10 A6
Warin Chamrap (T) 20 A6
Warit Chapum (T) 17 H6
Wa River (T) 16 B2
Wat Khon Tai 22 D4
Wat Pha Baat Phonsan
Wat Pho Xai 14 C2
Wat Phu Champasak 22 D1
Wiang Sa (T) 16 A2

Xa Drinh (V) 21 H5
Xai Bua Thong 19 E6
Xaibuli 20 A1
Xaisettha 23 G1
Xanakham 16 C4
Xepon 21 E2
Xiaomengyang (C) 10 B3
Xieng Hon 12 C5
Xieng Khaw 14 C1
Xieng Ngeun 13 F4
Xonbuli 20 B3
Xuan Mai (V) 15 G1

Ya Drang (Ca) 23 H5
Yang Lo (T) 16 D6
Yaojenchei (C) 10 B5
Yehshuichi (C) 11 H1
Yen Due (V) 19 E2
Yen Lanh (V) 19 F4
Yen Ly (V) 15 G6
Yen Thanh (V) 15 G6
Yen Thuy (V) 15 G2
Yiwo (C) 10 C4
Yun Knte (Ca) 23 G5

Zhengha (C) 10 B4
Zhenyue (C) 10 C4
Zhupengzhai (C) 10 D2

CAPES & HEADLANDS
Cape Bang (V) 15 H5
Cape Falaise (V) 15 H6
Cape Lay (V) 21 G1
Cape Mui Ron (V) 19 H3
Cape Mui Sot 19 F2

CAVES
Mahaxai Caves 18 D5
Pak Ou Caves 13 F4
Pathet Lao Caves 14 D2
Tham Baat 17 E1
Tham Erawan (T) 16 D5
Tham Jang 17 E1
Tham Piu 14 B4

ISLANDS
Dao Nghi Son (V) 15 H5
Don Det 22 D4
Don Het 22 C3

Don Hinyai 22 C3
Don Khamao 22 C4
Don Khon 22 D4
Don Khong 22 D3
Don Koi 22 C3
Don Long 22 C4
Don Loppadi 22 D4
Don Phuman 22 D4
Don Sadam 22 D4
Don Sai 22 D2
Don San 22 D3
Don Som 22 D4
Don Tao 22 D4
Don Xang 22 D4
Hon Me (V) 15 H5
Hon Ne Island (V) 15 H4
Nghi Son Islands (V) 15 H5

MOUNTAINS & PASSES
Bolaven Plateau 21 E6
Cao Veou (V) 18 D1
Deo Ngang (Ngang Pass) (V) 19 H4
Doi Lo 12 D6
Dong Sithuan 20 C4
Keo Nua Pass (V) 18 D2
La San (C) 11 E2
Lung Lang Mountains (C) 10 A5
Meng La Nan Mountains (C) 10 C6
Mu Gia Pass (V) 19 F5
Pha Luong (V) 15 E1
Phhom Tabeng (Ca) 22 A5
Phou Khok Yai (T) 22 B3
Phu Bia 17 G1
Phu Bo 15 E3
Phu Cho 22 C1
Phu Chomchan 13 H1
Phu Den Dinh (V) 11 F3
Phu Hangho 11 E4
Phu Ho 17 G2
Phu Kaew Yai (T) 16 C4
Phu Katae 21 E5
Phu Ko 19 E4
Phu Kokdon 23 G2
Phu Laak 19 G6
Phu Laoko 19 E3
Phu Lek 21 G3
Phu Lep 18 A1
Phu Leuy 14 C3
Phu Lokha 10 D6
Phu Luang 18 B3
Phu Luang (T) 16 B6
Phu Mailai 22 B4
Phu Mali 20 D4
Phu Miang 13 G6
Phu Muang Nga 14 C6
Phu Mun 17 H1
Phu Nam Ke (V) 11 E3
Phu Nampa 14 B3
Phu Namphoi 18 A2
Phu Nampin 13 G6
Phu Papak 22 D2
Phu Phadeng 12 A3
Phu Phalamphan 13 F6
Phu Pongkham 23 E1
Phu Salia 21 E1
Phu Samsum 14 C6
Phu Sang 17 F2
Phu Seng 13 F1
Phu Takuan 22 D2
Phu Vaysom Nyai 13 E4
Phu Viatyo 19 F4
Phu Xao 14 B6
Sam Sao (V) 11 H6
Say Phou Sam Sao (V) 11 G6
Sayphu Ak 18 D4
Sayphu Ao 18 B3
Sayphu Damlek 22 C1-2
Sayphu Hu Ong 20 D4

Sayphu Khiaonin 22 D2-3
Sayphu Kiu 22 D4
Sayphu Loyang 18 C3
Sayphu Luang 18 D2, 19 E4
Sayphu Ngu 18 A2-B3
Sayphu Phanang 16 D2-3
Sayphu Phapet 18 B3
Sayphu Phapheung 10 D6
Sayphu Talabat 18 A2
Sayphu Xanghe 19 E-F6
Truong Son Mountains (V) 18 D1-2, 23 H1-4

NATIONAL PARKS & CONSERVATION AREAS
Cuc Phuong National Park (V) 15 G3
Dong Ampham NBCA 23 H1
Hin Namnu NBCA 19 F4
Kaeng Tana (T) 20 C5
Nakai-Nam Theun NBCA 19 E3
Nam Et NBCA 14 B2
Nam Ha NBCA 12 D1
Nam Kading NBCA 18 B2
Nam Phoum NBCA 16 B2
Nam Sam NBCA 15 E4
Phu Den Din NBCA 11 E4
Phu Khao Khuai NBCA 17 F2
Phu Loei NBCA 14 A3
Phu Xang He NBCA 20 C1
Phu Xieng Thong NBCA 20 C5
Se Ban Nuan NBCA 20 D4

RIVERS, LAKES & BAYS
Ang Nam Ngum 17 E2
Black River (C) 10 D1
Black River (V) 11 H3
Dai Giang (V) 19 H6
Dakrong River (V) 21 F2
Dak Rouei (Ca) 23 H6
Gulf of Tonkin (V) 15 H5, 19 H2
Hoi Bay (V) 19 F1
Huay Bangtiang 20 D6
Huay Champi 20 D6
Huay Kadian 22 C3
Huay Kadian 22 C3
Huay Kaliang 22 D4
Huay Khala 22 C1
Huay Khamuan 22 C1
Huay Laok 22 C3
Huay Luang Dam (T) 17 E5
Huay Lumphu 23 G2
Huay Namphak 20 D6
Huay Pala 20 D6
Huay Phak 22 C3
Huay Pheng 22 C2
Huay Phim 20 D3
Huay Tay Un 21 F6
Huay Topung 20 D5
Huay Xepong 20 D3
Ing River (T) 12 A5
Kham River (T) 18 B6
Lam Dom Yai (T) 22 B1
Lo So Chiang (C) 10 B4-C2
Mekong River (C) 10 A3, B4
Mekong River 12 D4, 16 C2, 16 D3, 17 H3, 18 B4, 20 A3. 20 B4
Mekong River (M) 12 A2
Mun River (T) 20 B6
Nain Kong 23 F2
Nam Ba Bo (T) 20 A5
Nam Bak 13 G2
Nam Bak 17 F2
Nam Ban 11 F5
Nam Beng 12 D3
Nam Bun 10 D4
Nam Chat 13 H5
Nam Chat 18 D2

Nam Chian 14 B6
Nam Chuan 18 B1
Nam Don 18 C5
Nam Emun 21 G5
Nam Fuang 13 E6
Nam Ha 12 D1
Nam Heung 18 C2
Nam Hong 18 A1
Nam Hoy 16 B4
Nam Huang 16 B5
Nam Hun 11 F5
Nam Hung 13 G6
Nam Ka 14 C4
Nam Kading 18 C3
Nam Kan 12 C2
Nam Keung 12 A2
Nam Kha 12 B2
Nam Khan 13 G4
Nam Khang 11 E3
Nam Khao 14 A4
Nam Khian 14 C5
Nam Kok 19 G6
Nam Kok, 20 D1
Nam Lao 12 D3
Nam Leng 11 E5
Nam Lieon (Ca) 23 H6
Nam Lik 13 F6
Nam Lik 17 E2
Nam Long 11 E4
Nam Luang 14 D3-4, 15 E3
Nam Luang (T) 17 G5
Nam Ma 10 B6
Nam Ma (V) 11 H6
Nam Mal 13 H1
Nam Mang 17 G2
Nam Mat 14 C4
Nam Met 12 D5, 13 E5
Nam Meuk 11 G5
Nam Mi 16 C3
Nam Ming 13 F5
Nam Mo 14 C6
Nam Mo (V) 14 D5
Nam Mon 19 E4
Nam Mouk (V) 11 G4
Nam Muan 18 B2
Nam Na (V) 11 G2
Nam Nen 11 F4
Nam Neun 14 C4
Nam Nga 13 E3
Nam Ngam 12 B3
Nam Ngao 12 C2
Nam Ngay 10 D4
Nam Ngum 12 C4, 13 H5
Nam Ngum 17 F2-3
Nam Ngum 14 A4
Nam Nhie (V) 11 F3
Nam Nhuong 18 C3
Nam Niam 15 E3
Nam Nong 18 C2
Nam Noua (V) 11 G5
Nam Noy 19 E4
Nam Nua 11 F5
Nam Nyiap 14 B5, 17 H1
Nam On 19 E-F5
Nam Ou 10 D3, 11 E3-F6, 13 G3
Nam Pa 13 G4
Nam Pakhang 19 E6
Nam Pang 18 A2
Nam Peun 14 C3
Nam Pha 12 B2
Nam Phak 11 E6
Nam Phan 14 B5
Nam Phamang 19 F6
Nam Phao 18 D3
Nam Phun 16 B2
Nam Poay O 21 G5
Nam Puy 16 C1

Nam Sam 14 D3, 15 E4
Nam Sang 16 D2
Nam Sang 18 B1
Nam Se 12 D2
Nam Sun 18 A2
Nam Ten 13 H4
Nam Tha 10 C6
Nam Tha 12 B-D3
Nam Thahao 20 A1
Nam Theun 18 C3, 19 E4
Nam Thon 16 D3
Nam Ting 13 G5
Nam Ula 19 E5
Nam Un Dam (T) 17 H6
Nam Xan 14 B5-6
Nam Xang 18 B1
Nam Xeng 13 H2
Nam Xot 18 D4
Nam Xuang 13 G3
Nam Yang 19 E4
Nam Yuan 10 B6
Nan Hung 12 D6
Nan River (T) 12 D5
Nan River (T) 16 A2-3
Nan Xan 17 H2
Ngan Pho (V) 19 E2
Ngan Sau (V) 19 F3
Nguon Nan (V) 19 G4
Nguon Nay (V) 19 G4
Nong Fatomkleen 21 H6
Nong Han Kumphawapi (T) 17 G6
Nong Han Reservoir (T) 18 B6
Pa Pien Chiang (C) 10 C1
Perfume River (V) 21 H3
Red River (V) 15 H1
Se Bangfai 18 D6
Se Bangfai 19 F5
Se Banghiang 20 C3, 21 E1
Se Bang Nuan 20 C4
Se Champhon 20 B2
Se Don 20 D5
Se Giang (V) 19 H4
Se Kaman 21 H6
Se Kasok 20 C1
Se Khampho 23 E2
Se Kong 21 G4
Se Kong 23 E2
Se Kunkam 20 C2
Se Lanong 21 E3
Se Lon 21 G4
Se Nam Noi 21 F6
Se Noy 18 D6
Se Noy 19 F6
Se Pian 21 E6, 23 E2
Se Pon 21 E2-G3
Se San (Ca) 23 E5
Se Tanuan 21 E3
Se Thamuak 20 D2
Se Xangxoy 20 C2
Se Xu 23 G2
Sirinthon Reservoir (T) 20 B6
Song Bo (V) 21 H3
Song Boi (V) 15 G2
Song Ca (V) 15 E6
Song Cam Lo (V) 21 F1
Song Con (V) 15 F6
Song Cuu Ha (V) 21 G2
Song Da (V) 11 F2
Song Huoi (V) 15 G2
Song Huong (V) 15 E2
Songkhram River (T) 17 H4
Song Ma (V) 15 E2
Song Quang Tri (V) 21 G2
Song Ta Troch (V) 21 H3
Srepok (Ca) 23 F5
Stung Sen (Ca) 22 A4
Suong Day (V) 15 H1
Suong Giang (V) 18 D1

Suong Hieu (V) 15 F5
Ta Kai Ho (C) 10 B3
Thong River (T) 17 F4
Troc (V) 19 G5
Un River (T) 18 A5
Wa River (T) 16 B2
Ya Drang (Ca) 23 H5

RUINS
Heuan Hin 20 A3
Muang Khun (Xieng Khuang) 14 B5

Plain of Jars 14 A5
Um Muang 22 D2

SPRINGS
Baw Noi 14 B4
Baw Yai 14 B4
Nong Pet 14 B5

TEMPLES
Luang Nam Tha 12 D1
Sainyabuli 13 E6

That Ing Hang 20 A2
Wat Khon Tai 22 D4
Wat Pha Baat Phonsan
Wat Pho Xai 14 C2
Wat Phu Champasak 22 D1

WATERFALLS
Keng Kamheup 20 C6
Keng Khu 18 D4
Khon Phapheng Falls 22 D4
Kuang Si Falls 13 F5

Nam Neua Falls 14 D2
Nam Tok Katamok 23 F1
Nam Tok Tat Khu Khana 17 E3
Nam Tok Tat Nam Suang 17 E3
Somphamit Falls 22 D4
Taat Lak Sip-Et 13 F2
Taat Se Noi 21 F6
Taat Wong Fong 18 F3
Tat Yong 12 D3

PLANET TALK

Lonely Planet's FREE quarterly newsletter

We love hearing from you and think you'd like to hear from us.

When...is the right time to see reindeer in Finland?
Where...can you hear the best palm-wine music in Ghana?
How...do you get from Asunción to Areguá by steam train?
What...is the best way to see India?

For the answer to these and many other questions read PLANET TALK.

Every issue is packed with up-to-date travel news and advice including:

- a letter from Lonely Planet co-founders Tony and Maureen Wheeler
- go behind the scenes on the road with a Lonely Planet author
- feature article on an important and topical travel issue
- a selection of recent letters from travellers
- details on forthcoming Lonely Planet promotions
- complete list of Lonely Planet products

To join our mailing list contact any Lonely Planet office.

Also available: Lonely Planet T-shirts. 100% heavyweight cotton.

LONELY PLANET ONLINE

Get the latest travel information before you leave or while you're on the road

Whether you've just begun planning your next trip, or you're chasing down specific info on currency regulations or visa requirements, check out the Lonely Planet World Wide Web site for up-to-the-minute travel information.

As well as travel profiles of your favourite destinations (including interactive maps and full-colour photos), you'll find current reports from our army of researchers and other travellers, updates on health and visas, travel advisories, and the ecological and political issues you need to be aware of as you travel.

There's an online travellers' forum (the Thorn Tree) where you can share your experiences of life on the road, meet travel companions and ask other travellers for their recommendations and advice. We also have plenty of links to other Web sites useful to independent travellers.

With tens of thousands of visitors a month, the Lonely Planet Web site is one of the most popular on the Internet and has won a number of awards including GNN's Best of the Net travel award.

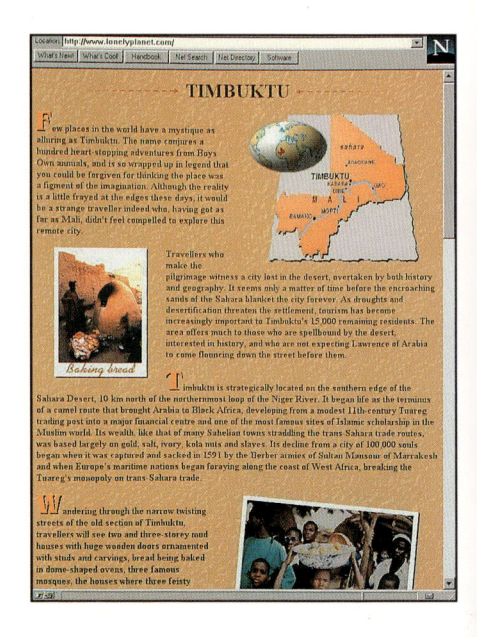

http://www.lonelyplanet.com

LONELY PLANET TRAVEL ATLASES

Conventional fold-out maps work just fine when you're planning your trip on the kitchen table, but have you ever tried to use one – or the half-dozen you sometimes need to cover a country – while you're actually on the road? Even if you have the origami skills necessary to unfold the sucker, you know that flimsy bit of paper is not going to last the distance.

"Lonely Planet travel atlases are designed to make it through your journey in one piece – the sturdy book format is based on the assumption that since all travellers want to make it home without punctures, tears or wrinkles, the maps they use should too."

The travel atlases contain detailed, colour maps that are checked on the road by our travel authors to ensure their accuracy. Place name spellings are consistent with our associated guidebooks, so you can use the atlas and the guidebook hand in hand as you travel and find what you are looking for. Unlike conventional maps, each atlas has a comprehensive index, as well as a detailed legend and helpful 'getting around' sections translated into five languages. Sorry, no free steak knives...

Features of this series include:

- full-colour maps, plus colour photos
- maps researched and checked by Lonely Planet authors
- place names correspond with Lonely Planet guidebooks, so there are no confusing spelling differences
- complete index of features and place names
- atlas legend and travelling information presented in five languages: English, French, German, Spanish and Japanese

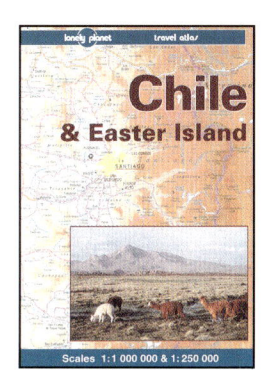

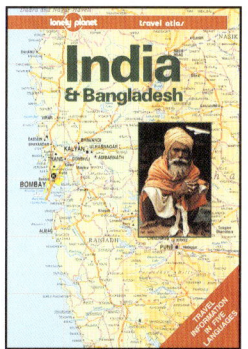

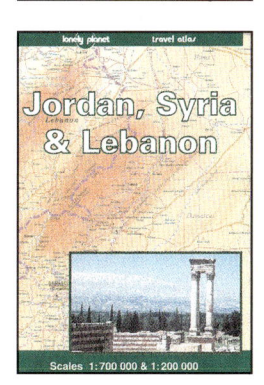

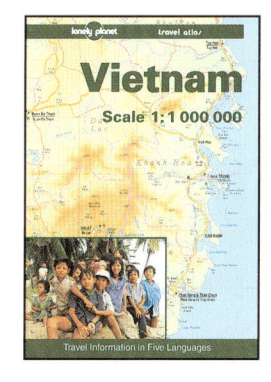

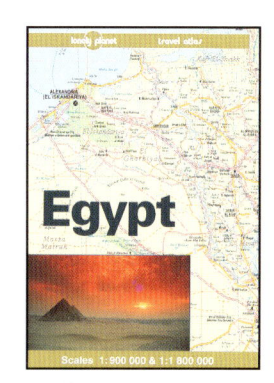

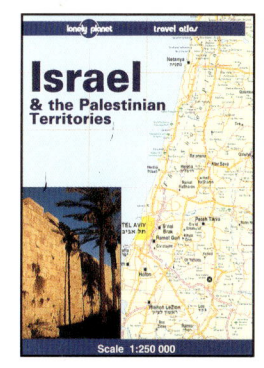

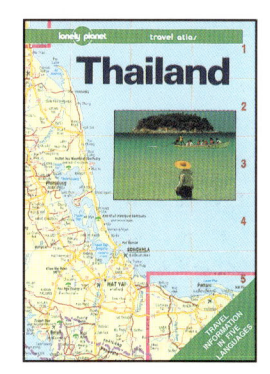

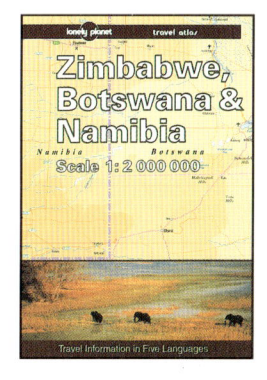

LONELY PLANET GUIDES TO SOUTH-EAST ASIA

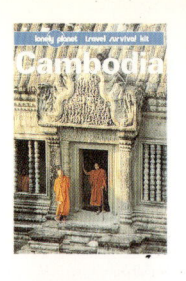

Bali & Lombok
This guide will help travellers to experience the real magic of Bali's tropical paradise. Neighbouring Lombok is largely untouched by outside influences and has a special atmosphere of its own.

Bangkok city guide
Bangkok has something for everyone: temples, museums and historic sites; an endless variety of good restaurants; and great shopping. This pocket guide gives travellers the assurance that they will never be lost...or lost for things to do in this fascinating city.

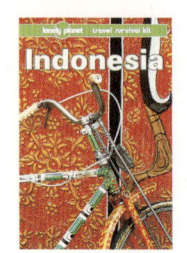

Cambodia
This guide is an invaluable companion for your trip to Cambodia. The most comprehensive guide devoted solely to Cambodia, it contains full details on the magnificent ruins of Angkor Wat, the resurgent capital city of Phnom Penh, and the latest information on safe and affordable travel.

Hong Kong city guide
Perched on bustling Victoria Harbour, Hong Kong is a vibrant blend of ultra-modern skyscrapers and tiny sidestreets lined with busy food-stalls and open-air markets. This new book will help you experience the essence of Asia's most dynamic city as it races towards an exciting new era.

Hong Kong, Macau & Guanzhou (Canton)
This practical guide has all the travel facts on these three close but diverse cities, linked by history, culture and geography.

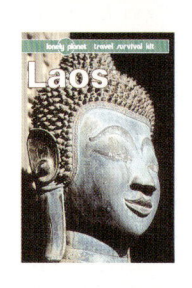

Indonesia
Some of the most remarkable sights and sounds in South-East Asia can be found amongst the 13,000 islands of Indonesia – this book covers the entire archipelago in detail.

Laos
Laos trails its neighbours in the development race but has the edge in peaceful, laid-back travel. With a strongly Buddhist culture, it comes closest to the romantic image of the 'real' South-East Asia. This guide provides in-depth coverage of all practical destinations in the country.

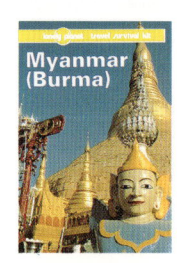

Malaysia, Singapore & Brunei
Whether you want to laze on a tropical island, hike through ancient rainforest, take a boat up a jungle river, explore the tiny sultanate of Brunei or wander the back streets of sophisticated Singapore, this guide will tell you how, when and where to do it.

Myanmar (Burma)
This guide shows how to make the most of a trip around the main triangle route of Yangon-Mandalay-Bagan, and explores many lesser-known places such as Bago and Inle Lake.

Philippines
The Philippines offers a huge variety of experiences, from secluded islands and superb beaches to the bustling sprawl of Manila. This comprehensive guide is packed with practical advice for all travellers.

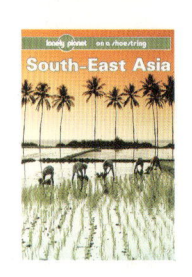

Singapore city guide
Exotic Singapore is a melting pot of cultures, cuisines and unexpected pleasures. Splash out on Orchard Rd or savour the sights and sounds of Chinatown, Little India and Arab St. This indispensable guide is packed with all the practical tips and suggestions you need to enjoy this bustling island republic.

South-East Asia on a shoestring
Covers travel in Brunei, Myanmar, Cambodia, Hong Kong, Indonesia, Laos, Macau, Malaysia, the Philippines, Singapore, Thailand and Vietnam.

Thailand
This award-wining guidebook is the essential resource for independent travellers. From the splendour of Bangkok's Royal Palace to the remote hills of the Golden Triangle, this guide is packed with reliable advice for every budget.

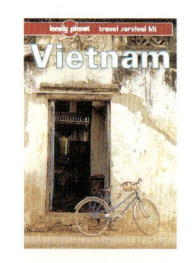

Vietnam
Discover the lush beauty of Vietnam's countryside – from secluded beaches to spectacular rainforests, from pagodas and temples to French colonial architecture, from traditional villages to brilliant-green rice fields. The most comprehensive guide to Vietnam available.

Also available: Burmese phrasebook, Cantonese phrasebook, Indonesian audio pack, Indonesian phrasebook, Mandarin phrasebook, Pilipino phrasebook, Thai audio pack, Thai phrasebook, Thai Hill Tribes phrasebook, Vietnamese phrasebook

LONELY PLANET PRODUCTS

AFRICA
Africa on a shoestring • Arabic (Moroccan) phrasebook • Cape Town city guide • Central Africa • East Africa • Egypt • Egypt travel atlas • Ethiopian (Amharic) phrasebook • Kenya • Morocco • North Africa • South Africa, Lesotho & Swaziland • Swahili phrasebook • Trekking in East Africa• West Africa • Zimbabwe, Botswana & Namibia • Zimbabwe, Botswana & Namibia travel atlas

ANTARCTICA
Antarctica

AUSTRALIA & THE PACIFIC
Australia • Australian phrasebook • Bushwalking in Australia • Bushwalking in Papua New Guinea • Fiji • Fijian phrasebook • Islands of Australia's Great Barrier Reef • Melbourne city guide • Micronesia • New Caledonia • New South Wales & the ACT • New Zealand • Northern Territory • Outback Australia • Papua New Guinea • Papua New Guinea phrasebook • Queensland • Rarotonga & the Cook Islands • Samoa • Solomon Islands • South Australia • Sydney city guide • Tahiti & French Polynesia • Tasmania • Tonga • Tramping in New Zealand • Vanuatu • Victoria • Western Australia
Travel Literature: Islands in the Clouds • Sean & David's Long Drive

CENTRAL AMERICA & THE CARIBBEAN
Central America on a shoestring • Costa Rica • Cuba • Eastern Caribbean • Guatemala, Belize & Yucatán: La Ruta Maya • Jamaica

EUROPE
Austria • Baltic States & Kaliningrad • Baltics States phrasebook • Britain • Central Europe on a shoestring • Central Europe phrasebook • Czech & Slovak Republics • Denmark • Dublin city guide • Eastern Europe on a shoestring • Eastern Europe phrasebook • Finland • France • Greece • Greek phrasebook • Hungary • Iceland, Greenland & the Faroe Islands • Ireland • Italy • Mediterranean Europe on a shoestring • Mediterranean Europe phrasebook • Paris city guide • Poland • Prague city guide • Russia, Ukraine & Belarus • Russian phrasebook • Scandinavian & Baltic Europe on a shoestring • Scandinavian Europe phrasebook • Slovenia • St Petersburg city guide • Switzerland • Trekking in Greece • Trekking in Spain • Ukrainian phrasebook • Vienna city guide • Walking in Switzerland • Western Europe on a shoestring • Western Europe phrasebook

INDIAN SUBCONTINENT
Bangladesh • Bengali phrasebook • Delhi city guide • Hindi/Urdu phrasebook • India • India & Bangladesh travel atlas • Indian Himalaya • Karakoram Highway • Nepal • Nepali phrasebook • Pakistan • Sri Lanka • Sri Lanka phrasebook • Trekking in the Indian Himalaya • Trekking in the Nepal Himalaya
Travel Literature: Shopping for Buddhas

ISLANDS OF THE INDIAN OCEAN
Madagascar & Comoros • Maldives & Islands of the East Indian Ocean • Mauritius, Réunion & Seychelles

MIDDLE EAST & CENTRAL ASIA
Arab Gulf States • Arabic (Egyptian) phrasebook • Central Asia • Iran • Israel & the Palestinian Territories • Israel & the Palestinian Territories travel atlas • Jordan & Syria • Jordan, Syria & Lebanon travel atlas • Middle East • Turkey • Turkish phrasebook • Trekking in Turkey • Yemen
Travel Literature: The Gates of Damascus

NORTH AMERICA
Alaska • Backpacking in Alaska • Baja California • California & Nevada • Canada • Hawaii • Honolulu city guide • Los Angeles city guide • Mexico • Miami city guide • New England • New Orleans city guide • Pacific Northwest USA • Rocky Mountain States • San Francisco city guide • Southwest USA • USA phrasebook

NORTH-EAST ASIA
Beijing city guide • Cantonese phrasebook • China • Hong Kong city guide • Hong Kong, Macau & Canton • Japan • Japanese phrasebook • Japanese audio pack • Korea • Korean phrasebook • Mandarin phrasebook • Mongolia • Mongolian phrasebook • North-East Asia on a shoestring • Seoul city guide • Taiwan • Tibet • Tibet phrasebook • Tokyo city guide
Travel Literature: Lost Japan

SOUTH AMERICA
Argentina, Uruguay & Paraguay • Bolivia • Brazil • Brazilian phrasebook • Buenos Aires city guide • Chile & Easter Island • Chile & Easter Island travel atlas • Colombia • Ecuador & the Galápagos Islands • Latin American Spanish phrasebook • Peru • Quechua phrasebook • Rio de Janeiro city guide • South America on a shoestring • Trekking in the Patagonian Andes • Venezuela
Travel Literature: Full Circle: A South American Journey

SOUTH-EAST ASIA
Bali & Lombok • Bangkok city guide • Burmese phrasebook • Cambodia • Ho Chi Minh city guide • Indonesia • Indonesian phrasebook • Indonesian audio pack • Jakarta city guide • Java • Laos • Laos travel atlas • Lao phrasebook • Malaysia, Singapore & Brunei • Myanmar (Burma) • Philippines • Pilipino phrasebook • Singapore city guide • South-East Asia on a shoestring • Thailand • Thailand travel atlas • Thai phrasebook • Thai Hill Tribes phrasebook • Thai audio pack • Vietnam • Vietnamese phrasebook • Vietnam travel atlas

THE LONELY PLANET STORY

Lonely Planet published its first book in 1973 in response to the numerous 'How did you do it?' questions Maureen and Tony Wheeler were asked after driving, bussing, hitching, sailing and railing their way from England to Australia.

Written at a kitchen table and hand collated, trimmed and stapled, *Across Asia on the Cheap* became an instant local bestseller, inspiring thoughts of another book.

Eighteen months in South-East Asia resulted in their second guide, *South-East Asia on a shoestring*, which they put together in a backstreet Chinese hotel in Singapore in 1975. The 'yellow bible', as it quickly became known to backpackers around the world, soon became *the* guide to the region. It has sold well over half a million copies and is now in its 8th edition, still retaining its familiar yellow cover.

Today there are over 180 titles, including travel guides, walking guides, language kits & phrasebooks, travel atlases and travel literature. The company is one of the largest travel publishers in the world. Although Lonely Planet initially specialised in guides to Asia, we now cover most regions of the world, including the Pacific, North America, South America, Africa, the Middle East and Europe.

The emphasis continues to be on travel for independent travellers. Tony and Maureen still travel for several months of each year and play an active part in the writing, updating and quality control of Lonely Planet's guides.

They have been joined by over 70 authors and 170 staff at our offices in Melbourne (Australia), Oakland (USA), London (UK) and Paris (France). Travellers themselves also make a valuable contribution to the guides through the feedback we receive in thousands of letters each year.

The people at Lonely Planet strongly believe that travellers can make a positive contribution to the countries they visit, both through their appreciation of the countries' culture, wildlife and natural features, and through the money they spend. In addition, the company makes a direct contribution to the countries and regions it covers. Since 1986 a percentage of the income from each book has been donated to ventures such as famine relief in Africa; aid projects in India; agricultural projects in Central America; Greenpeace's efforts to halt French nuclear testing in the Pacific; and Amnesty International.

'I hope we send people out with the right attitude about travel. You realise when you travel that there are so many different perspectives about the world, so we hope these books will make people more interested in what they see.'

– Tony Wheeler

LONELY PLANET PUBLICATIONS

AUSTRALIA (HEAD OFFICE)
PO Box 617, Hawthorn 3122, Victoria
tel: (03) 9819 1877   fax: (03) 9819 6459
e-mail: talk2us@lonelyplanet.com.au

UK
10 Barley Mow Passage,
Chiswick, London W4 4PH
tel: (0181) 742 3161 fax: (0181) 742 2772
e-mail: 100413.3551@compuserve.com

USA
Embarcadero West,155 Filbert St, Suite 251,
Oakland, CA 94607
tel: (510) 893 8555   TOLL FREE: 800 275-8555
fax: (510) 893 8563
e-mail: info@lonelyplanet.com

FRANCE
71 bis rue du Cardinal Lemoine, 75005 Paris
tel: 1 44 32 06 20   fax: 1 46 34 72 55
e-mail: 100560.415@compuserve.com

World Wide Web: http://www.lonelyplanet.com/

LAOS TRAVEL ATLAS

Dear Traveller,
We would appreciate it if you would take the time to write your thoughts on this page and return it to a Lonely Planet office. Only with your help can we continue to make sure this atlas is as accurate and travel-friendly as possible.

Where did you acquire this atlas?
Bookstore ☐   In which section of the store did you find it, i.e. maps or travel guidebooks? ....
Map shop ☐   Direct mail ☐   Other ....

How are you using this travel atlas?
On the road ☐   For home reference ☐   For business reference ☐
Other ....

When travelling with this atlas, did you find any inaccuracies?
....
....

How does the atlas fare on the road in terms of ease of use and durability?

Are you using the atlas in conjunction with an LP guidebook/s?   Yes ☐   No ☐
Which one/s? ....
Have you bought any other LP products for your trip? ....

Do you think the information on the travel atlas maps is presented clearly?   Yes ☐   No ☐
If English is not your main language, do you find the language sections useful?   Yes ☐   No ☐
Please list any features you think should be added to the travel atlas.
....
....
....

Would you consider purchasing another atlas in this series?   Yes ☐   No ☐

Please indicate your age group.
15-25 ☐   26-35 ☐   36-45 ☐   46-55 ☐   56-65 ☐   66+ ☐

Do you have any other general comments you'd like to make?
....
....
....
....

P.S. Thank you very much for this information. The best contributions will be rewarded with a free copy of a Lonely Planet book. We give away lots of books, but, unfortunately, not every contributor receives one.

Notes

Notes

Notes

Notes